Ilka Sokolowski

Was lebt in den Bergen?

Tiere und Pflanzen entdecken

KOSMOS

Impressum

Mit Illustrationen von:
Paschalis Dougalis: S. 22, 23, 24, 25, 26, 27, 28, 29, 30, 31, 32, 33; Marianne Golte-Bechtle: S. 12, 13, 14, 16 (Kitz), 17, 18 o., 19, 20, 55, 58 r., 60, 61, 62 l., 63, 64 o. r., 65, 68, 69 m. r., 70 o., 71, 73, 74 o., 86; Sigrid Haag: S. 59, 72 u. l., 75, 76 u.; Esther von Hacht: S. 37 o. l.; Reinhild Hofmann: S. 52, 53, 54, 56, 57, 58 l., 66, 76 o., 77; Kolek-Meyer: S. 36, 48, 51; Wolfgang Lang: S. 62 m.; Sonja Schadwinkel: S. 69 u. l.; Roland Spohn: S. 29 (Zirbensamen), 64 u., 70 u., 72 m., 74 m., u.; Steffen Walentowitz: S. 11, 15, 18 m., 21, 34, 37 o., 41, 42, 43, 44, 49, 50; Wilfried Weigel: S. 10, 38, 40, 46, 47, 67; Jürgen Willbarth: S. 16 u., 39

Mit Farbfotos von:
Heiko Bellmann: S. 44, 47, 62, 67; BerndH/Wikimedia Commons: S. 53; Harald Biebel/Fotolia.com: S. 80 o.; Blickwinkel über Frank Hecker: S. 10, 32, 77, 82, 84 o., 85 o. l., 89 u. r.; Tanja Böhning: S. 57; Boggy/Fotolia.com: S. 90 o.; DoraZett/Fotolia.com: S. 45; Klaus Eppele/Fotolia.com: S. 89 o.; Jürgen Fälchle/Fotolia.com: S. 9 u.; fahrwasser/Fotolia.com: S. 87 o. l.; Gartenschatz Bajohr: S. 13; Gartenschatz/Bellmann: S. 69, 86 u. l.; Gemeinde Balderschwang: S. 79 o.; Alexandra Giese/Fotolia.com: S. 14; Andreas Gminder: S. 56; Jens Goetzke/Pixelio.de: S. 86 m. l.; Nele Gregor: S. 48 u. r., 59, 61; Justus Gregor: S. 8, 78, 79 m.; Thomas Grüner: S. 76; Axel Halley: S. 28; Frank Hecker: S. 9 o., 12, 15, 19, 21, 24, 31, 34, 35, 37, 38, 40, 46 u., 48 u. l., 51, 55, 63, 64, 66, 68, 83 o., 88; Hecker/Mestel: S. 20, 25; imaGo Martin R./Fotolia.com: S. 85 m.; johannes86/Fotolia.com: S. 81 m.; Kolek-Meyer: S. 36; Kosmos Archiv: S. 39; Maren Krings (Obergurgel): S. 85 u.; Ralf Kuhn: S. 30; Laure.C/Fotolia.com: S. 80 u. r.; Hans Laux: S. 61 m., 71; Alfred Limbrunner: S. 11, 33; Limbrunner/Hecker: S. 27; Cosmin Manci/Fotolia.com: S. 45; MarcoMontcone/Fotolia.com: S. 82 m. l.; Andre Megroz/Frank Hecker: S. 41; Netzer Johannes/Fotolia.com: S. 90 u.; photocrew/Fotolia.com: S. 87 u. r.; Photohunter/Fotolia.com: S. 17; Santi Rodríguez/Fotolia.com: S. 83 u.; Richard Ronacher (Saalbach Hinterglemm)/Frank Hecker: S. 79 u.; Sauer/Hecker: S. 23, 43, 46 r., 89 u. l.; Hermann Schachner/Frank Hecker: S. 52; Betty Shelton/Shutterstock.com: S. 80 u. l.; Soru Epotok/Fotolia.com: S. 16; Roland Spohn: S. 73, 75; Stauke/Fotolia.com: S. 84 m.; Tadeas/Shutterstock.com: S. 2–3; Wolfgang Wagner/Frank Hecker: S. 49, 50; Westend61/Fotolia.com: S. 81 u.; WoGi/Fotolia.com: S. 7; Xalanx/Fotolia.com: S. 91; ZachT/Wikimedia Commons: S. 82 m. r.

Mit Symbolen von Torsten und Carsten Odenthal, Köln, und Sigrid Walter, Würzburg

Umschlaggestaltung von Init GmbH, Bielefeld unter Verwendung eines Fotos von Willi Rolfes/gettyimages.com (Alpensteinbock) sowie von oliveromg/Shutterstock.com (Mädchen) mit Polka Dot/Thinkstock.de (Hintergrund).

Unser gesamtes lieferbares Programm und viele weitere Informationen zu unseren Büchern, Spielen, Experimentierkästen, DVDs, Autoren und Aktivitäten findest du unter kosmos.de

Gedruckt auf chlorfrei gebleichtem Papier

© 2015, Franckh-Kosmos Verlags-GmbH & Co. KG, Stuttgart
Alle Rechte vorbehalten
ISBN 978-3-440-14621-7
Redaktion: Teresa Baethmann, Annemarie Chiappetta, Dr. Heike Herrmann
Gestaltungskonzept: Britta Petermeyer
Satz: Walter Typografie & Grafik GmbH
Produktion: Verena Schmynec
Printed in Italy / Imprimé en Italie

Der Schneehase
Seite 11

Das Alpenmurmeltier
Seite 12

Die Gämse
Seite 13

Der Rothirsch
Seite 17

Der Rotfuchs
Seite 18

Der Eurasische Luchs
Seite 19

Das Alpenschneehuhn
Seite 23

Das Birkhuhn
Seite 24

Das Auerhuhn
Seite 25

Der Tannenhäher
Seite 29

Die Alpendohle
Seite 30

Der Kolkrabe
Seite 31

Der Alpensalamander
Seite 35

Die Gelbbauchunke
Seite 36

Der Grasfrosch
Seite 37

Der Gletscherfloh
Seite 41

Der Gletscherweber-
knecht Seite 42

Der Alpenskorpion
Seite 43

Inhalt

Hallo, liebe Bergfreundin und lieber Bergfreund!

In diesem Buch findest du rund 80 einheimische Tiere und Pflanzen, die in unseren Bergen leben. Auf deinen Wanderungen und Exkursionen werden dir sicher etliche von ihnen begegnen. Einige triffst du eher im Bergwald, andere auf Almen oder zwischen den Felsen oberhalb der Baumgrenze. Je aufmerksamer du dich in der Welt der Berge bewegst, desto mehr wirst du entdecken.

Bestimmen leicht gemacht

Die **Farbleiste** am oberen Rand der Seite hilft dir bei der Suche nach den verschiedenen Tier- oder Pflanzenarten. Die unterschiedlichen Farben bezeichnen die jeweiligen Tier- und Pflanzengruppen.

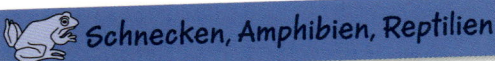

Außerdem findest du auf jeder Seite noch folgende Zeichen:

Der Text neben dieser **Landschaft** verrät dir, wo du das Tier oder die Pflanze am ehesten finden kannst, ob du zum Beispiel im Krummholzgürtel oder in der Nähe von Bergbächen suchen solltest.

Um die **Größe** der Tiere und Pflanzen schnell einschätzen zu können, gibt es vier Symbole. Der Schmetterling steht für Arten, die bis zu 5 Zentimeter groß werden, der Vogel für Arten, die 5 bis 50 Zentimeter groß werden, das Reh für Arten, die 50 Zentimeter bis 2,50 Meter groß werden und der Baum für alles, was größer als 2,50 Meter ist.

Das **Hauptbild** zeigt dir entweder das ganze Tier, die ganze Pflanze oder die auffälligsten Merkmale. Zu vielen Arten gibt es zusätzliche Zeichnungen oder Fotos, die dir weitere Infos geben und auf Besonderheiten hinweisen.

Die hellblauen **Wichtig zu wissen!** -Kästen verraten dir interessante Zusatzinfos über die Tiere und Pflanzen. Die grünen **Schau genau!** - und die gelben **Mach mit!** -Kästen geben dir Tipps zum Beobachten und Selbermachen. In den orangefarbenen **Erstaunlich!** -Kästen findest du verblüffendes Detailwissen oder Rekorde.

Der **Vorsicht!** -Kasten warnt dich vor giftigen Tieren oder Pflanzen. Fasse diese nicht an. Wenn du mit ihnen in Berührung gekommen bist, wasche dir gründlich die Hände.

Die **farbige Leiste** ganz unten auf der Seite zeigt dir auf einen Blick, in welchen Monaten du die Tiere beobachten kannst und wann die Pflanzen und Bäume blühen. Das Murmeltier ist zum Beispiel von Mai bis September aktiv, deshalb sind diese Monate farblich markiert.

Geschützt!

Naturschutzgebiet

Weite Teile der Alpen sind Naturschutzgebiete. In Süddeutschland werden sie meist durch ein grün umrandetes Schild mit einem Seeadler darauf ausgewiesen. In Schutzgebieten darfst du nichts pflücken und die Wege nicht verlassen, Gebirgswiesen sind sehr empfindlich. In den Bergen wachsen einige der seltensten Pflanzen. Auch sie sind streng geschützt. Beachte deshalb die entsprechenden Hinweise in diesem Buch. Auch viele Tiere stehen unter Schutz. Grundsätzlich gilt: Verhalte dich rücksichtsvoll, pflücke und zertrete keine Pflanzen, vermeide unnötigen Lärm und scheuche Tiere nicht auf, auch wenn du sie nur beobachten möchtest.

Die europäischen Alpen

Wie ein gewaltiger Steinbogen erstrecken sich die europäischen Alpen über 1200 Kilometer. Sie reichen von Italien im Südwesten über Frankreich, Monaco, die Schweiz, Liechtenstein, Deutschland, Österreich bis in den Osten nach Slowenien. Unter den unzähligen Berggipfeln befindet sich der höchste Berg Deutschlands, die 2962 Meter hohe Zugspitze. Den europäischen Gipfelrekord hält der Mont Blanc: Er ist 4810 Meter hoch.

Unbedingt beachten!

Die Berge sind ein spezieller Lebensraum, in dem sich Pflanzen und Tiere gut anpassen müssen, um zu überleben. Auch für „Besucher" wie dich und deine Eltern gibt es ein paar ernst zu nehmende Verhaltensregeln:

- In der Höhe ist die Luft dünner und der Körper braucht etwa zwei Tage, um sich anzupassen. Überschätzt eure Kräfte nicht. Plant eure Touren sorgfältig. Pausen eingerechnet, solltet ihr nicht länger als etwa vier bis fünf Stunden unterwegs sein und euer Ziel problemlos vor Sonnenuntergang erreichen.
- Wirf in den Bergen niemals mit Steinen. Du siehst oft nicht, ob Wanderer weiter unten stehen. Und ein Stein kann auch andere Steine mit sich reißen!
- Gewitter sind gefährlich. Wie ihr euch verhalten solltet, steht auf Seite 81.
- In den Bergen kann sich das Wetter schnell ändern, deshalb müsst ihr euch natürlich vor einer Tour nach dem genauen Wetterbericht erkundigen.
- Kennst du das alpine Notsignal? 6 Mal pro Minute ein regelmäßiges Signal (zum Beispiel Rufen, Pfeifen, Lichtsignal, Winken), 1 Minute Pause, immer wiederholen. Antwort der Retter: 3 Mal pro Minute ein regelmäßiges Signal, 1 Minute Pause, immer wiederholt. Die Notrufnummer ist 112.

Kannst du dir vorstellen, dass hier vor 200 Millionen Jahren mal ein riesiges Meer war? Auf seinem Grund lagerten sich Schlamm, Sand, Geröll, Schalen von Meerestieren und Pflanzenreste ab – eine kilometerdicke Schicht, die im Laufe vieler Millionen Jahre versteinerte. Noch heute findet man in manchen Regionen der Alpen versteinerte Meerestiere im Fels. Vor ungefähr 100 Millionen Jahren gerieten die Kontinentalplatten, auf denen Afrika und Europa liegen, in Bewegung. Sie stießen gegeneinander. Der versteinerte Meeresboden faltete sich zu einem Gebirge auf.

Nicht alle Berge sind so hoch wie die Alpen: Mittelgebirge wie zum Beispiel das Erzgebirge, das Fichtelgebirge, der Bayerische Wald oder die Rhön reichen nicht über die Baumgrenze hinaus. Erst ab einer Höhe von etwa 1500 Metern beginnt das Hochgebirge.

Und außerdem ...

Du willst sicherlich nicht nur Pflanzen und Tiere entdecken und bestimmen, sondern auch noch Spannendes in den Bergen erleben. Auf den Seiten 78 bis 91 findest du eine Menge Informationen und Anregungen, zum Beispiel wie ein Echo entsteht, warum die Alpen wichtige Wasserspeicher sind und ob Schnee schneller schmilzt als Eis.

Auf in die Berge!

Für deine Expeditionen ins Gebirge benötigst du eine Grundausrüstung: knöchelhohe Wanderstiefel, Sonnencreme, eine Regenjacke, warme Kleidung (auch Mütze und Handschuhe), ausreichend Essen und Trinken, ein Handy, ein Erste-Hilfe-Päckchen, eine Rettungsdecke, eine Lupe, ein Fernglas, ein Notizbuch mit Stift, natürlich dieses Bestimmungsbuch und selbstverständlich eine gute Wanderkarte

Wenn du die Regeln beachtest, ist Bergwandern eine tolle Sache. Hast du alles eingepackt? Na, dann los! Viel Spaß beim Bestimmen, Erleben und Ausprobieren!

Die Schneemaus

Es gibt nur eine Maus, die es schafft, noch
in 4000 Metern Höhe zu leben: die Schneemaus. Ihr dichtes graubraunes Fell schützt
sie vor der Kälte. Auch Ohren, Schwanz
und Pfotenoberseiten sind behaart. Die
Schneemaus gehört zu den Wühlmäusen,
hat aber anders als die meisten Vertreter
dieser Art einen relativ langen Schwanz.
Bis zu sieben Zentimeter kann er messen.

Wichtig zu wissen!

Zweimal im Jahr können
Schneemäuse Nachwuchs
bekommen. Bis zu vier Junge
sind in einem Wurf. Schon
im Alter von zwei Wochen
erkunden die kleinen Mäuse
die Umgebung außerhalb des
Baus. Den Winter verbringen
die Tiere unter der Schneedecke.

Die bis zu 3,5 Zentimeter langen Tasthaare
an der Schnauze helfen der Maus, sich zu
orientieren und Hindernisse auch im Dunkeln
zu erkennen.

Schneemäuse findest du meist oberhalb der Baumgrenze.
Ihre Baue legen sie in Felsspalten oder dicht unter der Erde an.
Als Pflanzenfresser leben sie von den im Spätsommer gesammelten
Gräsern und Samen.

Die Schneemaus wird 9 bis 14 cm lang (ohne Schwanz).

Die Schneemaus kannst du von Mai bis September beobachten.

| Jan | Feb | Mär | Apr | Mai | Jun | Jul | Aug | Sep | Okt | Nov |

Der Schneehase

Seinen Namen verdankt der Schneehase dem weißen Fell, mit dem er im Schnee perfekt getarnt ist. Nur die Spitzen seiner Ohren sind schwarz. Zwischen den Zehen der großen Pfoten wachsen ebenfalls dichte Haare. Sie sorgen dafür, dass der Hase keine kalten Füße bekommt, und erleichtern die Fortbewegung im Schnee: Je größer die Trittfläche ist, desto weniger sinkt er ein.

Erstaunlich!

Bei Gefahr rennt der Schneehase mit 80 km/h davon. Zwischendurch ändert er abrupt die Richtung. Durch dieses Hakenschlagen schafft er es meist, seine Verfolger abzuschütteln. Zu seinen Fressfeinden zählen zum Beispiel Fuchs, Luchs und Adler.

Schau genau!

Zweimal im Jahr bekommt der Schneehase ein neues Fell. Im Frühjahr verliert er das weiße Winterfell, während graubraunes Sommerfell nachwächst. Im Spätsommer wird das Sommerkleid durch das warme Winterhaar ersetzt. Mit dem richtigen Fell zur jeweiligen Jahreszeit ist der Schneehase an Hitze und Kälte gut angepasst und prima getarnt.

Schneehase im Sommerfell

 Den Schneehasen triffst du in den Bergen vor allem in Höhen oberhalb von 1000 Metern an.

Der Schneehase wird 55 bis 60 cm lang (ohne Schwanz).

Den Schneehasen kannst du das ganze Jahr über beobachten.

| Jan | Feb | Mär | Apr | Mai | Jun | Jul | Aug | Sep | Okt | Nov | Dez |

Das Alpenmurmeltier

Murmeltiere werden fast so groß wie Kaninchen, erinnern mit ihrem gedrungenen Körperbau, dem runden Kopf und den kleinen Ohren aber eher an große Meerschweinchen.

Erstaunlich!

Den größten Teil ihres Lebens verschlafen Murmeltiere: Fast sieben Monate des Jahres verbringen sie im Bau, der bis zu drei Meter tief unter der Erde liegt. Hier sind die Tiere vor dem Schnee und der eisigen Kälte des Bergwinters geschützt. Auf diese Weise überbrücken sie die Monate, in denen es auf den Wiesen nicht genug zu fressen gibt.

Murmeltiere leben auf sonnigen Bergwiesen in Höhen von bis zu 3000 Metern. Hörst du einen gellenden Pfiff, heißt das wahrscheinlich, dass ein Murmeltier dich entdeckt hat. Mit durchdringenden Pfeiftönen warnen die in großen Familien lebenden Tiere einander vor Gefahren. Blitzschnell verschwinden dann alle im unterirdischen Bau.

Murmeltiere gehören zu den Nagetieren. Auf ihrem Speiseplan stehen Gräser, Kräuter, Blumen und Samen.

Das Alpenmurmeltier wird 45 bis 55 cm lang (ohne Schwanz).

Das Alpenmurmeltier ist von Mai bis September aktiv.

| Jan | Feb | Mär | Apr | Mai | Jun | Jul | Aug | Sep | Okt | Nov | D |

Die Gämse

Die Fellfarbe der Gämsen ist graubraun, auf jeder Gesichtsseite verläuft ein dunkler Strich vom Ohr über das Auge zur Schnauze. Auf dem Rücken haben die Gämsen ebenfalls einen dunklen Strich, auch Aalstrich genannt. Sowohl Männchen als auch Weibchen tragen kurze Hörner, die sogenannten Krucken.

Erstaunlich!

Wenn du einer Gämse beim Klettern zuschaust, kann dir schwindelig werden: Geradezu halsbrecherisch springt, läuft und klettert sie an Steilhängen herum. Möglich wird das, weil sie als Paarhufer zwei Zehen hat, die lang und spreizbar sind. Die Sohle ist elastisch. So findet die Gämse fast auf jedem Untergrund Halt. Im Sommer schleifen sich die Ränder der Hufschalen am Gestein ab und fransen etwas aus. Auch das erhöht die Trittsicherheit. Im Winter sorgen scharfe Hufkanten für guten Halt in Schnee und Eis.

Gämsen halten sich im oberen Bergwald und auch oberhalb der Baumgrenze an felsigen Berghängen auf. Manchmal kannst du einen Gämsenkindergarten beobachten: Die Jungtiere tollen in Gruppen an den steilen Hängen herum. Schon kurz nach ihrer Geburt sind sie so trittsicher wie ihre Eltern.

Die Gämse wird 1,10 bis 1,30 m lang (ohne Schwanz).

Die Gämse ist das ganze Jahr über unterwegs.

| | Feb | Mär | Apr | Mai | Jun | Jul | Aug | Sep | Okt | Nov | Dez |

Der Alpensteinbock

Wusstest du, dass der Steinbock zur Gattung der Ziegen gehört? Den Böcken wächst auch der typische Ziegenbart unter dem Kinn. Die jungen Männchen schließen sich zu Rudeln zusammen, ältere Böcke sind Einzelgänger. Die weiblichen Tiere, Geißen genannt, bilden mit ihrem Nachwuchs eigene Gruppen. Alpensteinböcke sind heute sehr selten geworden.

Zur Paarungszeit im Dezember und Januar kommt es oft zu erbitterten Kämpfen zwischen erwachsenen Steinböcken: Nur der Sieger darf sich mit den Geißen paaren.

Als hervorragende Kletterer steigen Alpensteinböcke in Höhen von bis zu 3500 Metern hinauf. Im Winter halten sie sich in tieferen Lagen auf.

Wichtig zu wissen!

Bock oder Geiß? Das erkennst du an den Hörnern: Bei den Geißen sind sie kurz und relativ gerade, bei den Böcken geschwungen, bis zu einen Meter lang und gut zehn Kilo schwer! Anders als Rehe oder Hirsche werfen Steinböcke ihren Kopfschmuck nicht ab. Er wächst Jahr um Jahr weiter und bildet dabei an der Vorderseite ringförmige Wülste. Erst im Alter nimmt das Wachstum ab.

Der Alpensteinbock erreicht eine Körperlänge von 1,30 bis 1,50 m.

Der Alpensteinbock ist das ganze Jahr über aktiv.

Das Mufflon

Das Mufflon ist ein Wildschaf. Die Männchen (Widder) tragen große eingedrehte Hörner. Mufflons leben gesellig in kleinen Rudeln, die von den Weibchen und ihrem Nachwuchs gebildet werden. Sie sind sehr standorttreu, das heißt, sie bleiben gern in ihrem einmal eingenommenen Revier. Und das manchmal über Generationen hinweg!

Schau genau!

Mufflonlämmer haben noch keine Hornansätze. Wenn das Jungtier ein Widder ist, bilden sich mit der Zeit die Hörner heraus. Den weiblichen Tieren dagegen wachsen entweder erst gar keine Hörner oder nur sehr kleine.

Beim jungen Widder sind schon die Hörner zu erkennen.

Mufflons steigen selten über die Baumgrenze hinauf, du findest sie eher im lichten Bergwald. Hier fressen sie Gräser, Kräuter, Beeren, Eicheln, Bucheckern und Kastanien. Im Winter knabbern sie auch die Rinde von Bäumen ab. Alle Mufflons können gut sehen, auch ihr Geruchssinn ist hervorragend ausgebildet. Deshalb ziehen sie sich meist zurück, bevor wir überhaupt in ihre Nähe kommen.

Das Mufflon wird etwa 1,30 m lang.

Das Mufflon ist das ganze Jahr über aktiv.

Jan Feb Mär Apr Mai Jun Jul Aug Sep Okt Nov Dez

Das Reh

Im Sommer ist das Reh rotbraun gefärbt, im Winter eher graubraun. Nur der weiße Fellfleck am Hinterteil, Spiegel genannt, verändert sich nicht. Wie ihre großen Verwandten, die Hirsche, tragen auch die männlichen Rehe, die Rehböcke, ein Geweih. Es ist klein und leicht verzweigt. Die Ricken, also die Weibchen, haben kein Gehörn.

Vorsicht!

Rehkitze kommen im Frühjahr zur Welt. Ein Kitz hat in seinen ersten drei Lebensmonaten ein weiß getupftes Fell. Ganz still liegt es in seinem Versteck. Im Spiel von Licht und Schatten ist es zwischen den Gräsern gut getarnt. Und weil es auch noch keinen eigenen Geruch hat, ist es für Feinde kaum zu entdecken. Die Ricke kommt regelmäßig, um es zu säugen. Solltest du zufällig ein Kitz finden, fass es nicht an! Es würde deinen Geruch annehmen und von der Mutter nicht mehr erkannt werden.

In der Dämmerung hast du die besten Chancen, Rehe zu beobachten: Dann verlassen sie den Bergwald, um auf Wiesen Gräser und Kräuter zu fressen; sie äsen, wie es in der Fachsprache heißt. Den Tag verbringen sie im Schutz von Büschen und im Unterholz. Im Winter ziehen sie tiefer in die Täler, wo weniger Schnee liegt.

Rehbock mit drei Ricken

Das Reh wird bis zu 1,20 m lang.

Das Reh kannst du das ganze Jahr über beobachten.

Der Rothirsch

Der Rothirsch ist das größte Tier in den Bergen und leicht an seinem ausladenden Geweih zu erkennen. Ältere Männchen sind häufig Einzelgänger, während Hirschkühe und Jungtiere in Rudeln leben. Im Herbst schallt ein durchdringendes Röhren durch die Wälder: So verkünden die Hirsche, dass sie ein Revier besetzt haben. Trotzdem kommt es oft zu heftigen Kämpfen. Der Sieger darf sich mit den Weibchen eines Rudels paaren.

Wichtig zu wissen!

Nur männliche Hirsche tragen ein Geweih. Aber die Pracht ist vergänglich: Im Februar und März fallen die Stangen ab, im Laufe des Sommers wachsen sie nach. Die neuen Geweihstangen sind von einer samtigen, stark durchbluteten Haut überzogen, dem Bast. Den scheuern sich die Hirsche mit heftigen Kopfbewegungen an Ästen und Zweigen ab. Nach einer Weile sind alle Reste verschwunden, und wenn die Paarungszeit beginnt, kann der Hirsch Weibchen und Rivalen mit seinem neuen Geweih beeindrucken.

Hirschkuh mit Kitz

Hirsche leben meist versteckt im Wald. In den Bergen suchen sie zum Äsen auch Almwiesen in bis zu 2700 Metern Höhe auf.

Der Rothirsch wird bis zu 2,5 m lang, Hirschkühe sind kleiner.

Den Rothirsch kannst du das ganze Jahr über beobachten.

Der Rotfuchs

Seinen Namen verdankt der Rotfuchs dem rötlichen Fell. Nur Kehle, Brust und Bauch sind weißlich gefärbt. Das Fell der Welpen, die im Frühjahr zur Welt kommen, ist zunächst graubraun. So sind die kleinen Füchse gut getarnt, wenn sie mit etwa sechs Wochen erstmals den Bau verlassen. Dann kann es passieren, dass du sie beim Spielen überraschst. Da sie sich anfangs nie weit vom Bau entfernen, muss der Eingang in der Nähe liegen. Entdeckst du ihn?

Schau genau!

Mit etwas Glück kannst du den Fuchs bei der Mäusejagd beobachten. Dabei setzt er vor allem seine feinen Ohren ein: Sie sind so empfindlich, dass er Mäuse sogar noch unter einer Schneedecke hören kann. Ist die Beute entdeckt, setzt der Fuchs zum typischen Beutesprung an, dem Mäuselsprung. Mit einem Satz hat er die Maus meist schon erwischt.

Rotfüchse sind so anpassungsfähig, dass du sie von der Küste bis zu den Bergen fast überall antreffen kannst. Ihr Bau liegt oft zwischen Baumwurzeln oder Felsen unter der Erde.

Der Rotfuchs wird bis zu 80 cm lang, der Schwanz misst bis zu 40 cm.

Den Rotfuchs kannst du das ganze Jahr über beobachten.

| Jan | Feb | Mär | Apr | Mai | Jun | Jul | Aug | Sep | Okt | Nov | De |

Der Eurasische Luchs

Der scheue Luchs ist die größte Katze, die es in Europa gibt. Typische Erkennungszeichen sind der kurze Schwanz mit dem schwarzen Ende, die Pinselohren und der Backenbart. Die Haarpinsel auf den Ohren helfen dem Luchs wie Antennen, Geräusche genau zu orten. Sein Backenbart wirkt wie ein Schalltrichter. Das Luchsfell kann sandfarben, rötlich, silbergrau oder bräunlich sein und hat fast immer dunkle Flecken.

Wichtig zu wissen!

Luchse sind Einzelgänger. Nur zur Paarungszeit von Februar bis April dulden Männchen und Weibchen einander in ihren Revieren. Die kleinen Luchse kommen in einer Halbhöhle unter Felsen oder einem umgestürzten Baum zur Welt. Hat die Luchsmutter das Gefühl, dass der Platz nicht mehr sicher ist, packt sie ein Junges nach dem anderen am Nackenfell und trägt es zu einem anderen Versteck.

Luchse leben sehr versteckt im Bergwald. Vor 100 Jahren waren sie bei uns fast ausgerottet. Heute kannst du mit viel Glück wieder eine Luchsfährte finden. Einige der Tiere stammen aus Zuchten und wurden ausgewildert, andere sind aus Nachbarländern eingewandert.

Der Eurasische Luchs wird 80 cm bis 1,10 m lang (ohne Schwanz).

Der Eurasische Luchs ist das ganze Jahr über unterwegs.

| Jan | Feb | Mär | Apr | Mai | Jun | Jul | Aug | Sep | Okt | Nov | Dez |

Der Europäische Braunbär

Bären sind unsere größten Landbeutegreifer – so lautet der richtige Ausdruck für Raubtiere, denn sie rauben ja nichts, sondern machen Beute, um überleben zu können. Bären sind sogar vorwiegend Vegetarier. Sie fressen zwar auch Fleisch und Aas, aber vor allem Gräser, Früchte, Nüsse und Samen. Vor dem Winter müssen sie reichlich Gewicht zulegen, denn während der Winterruhe leben sie ausschließlich von Fettreserven.

Erstaunlich!

Ende Februar bringt die Bärin in ihrer Höhle ihre Jungen zur Welt. Bärenbabys sind anfangs so klein wie Meerschweinchen. In der ersten Zeit kommen sie deshalb mit wenig Milch aus. Das ist wichtig, denn gegen Ende des Winters hat die Bärin kaum noch Energiereserven, um Milch zu produzieren.

In den deutschen Alpen sind Bären ausgerottet. In benachbarten Gebieten, zum Beispiel in Italien, gibt es kleine Populationen. Sie halten sich gern im Schutz der Wälder auf. Bärinnen mit Jungen können sich rasch bedroht fühlen. Solltest du sie zufällig von Weitem erspähen, halte dich auf jeden Fall fern. Bären sehen vielleicht aus wie Teddys, aber sie sind wilde Tiere!

Der Europäische Braunbär wird bis zu 2,2 m lang.

Der Europäische Braunbär ist von April bis Oktober unterwegs.

Jan   Feb   Mär   Apr   Mai   Jun   Jul   Aug   Sep   Okt   Nov   De

Der Europäische Wolf

Von Weitem könntest du den Wolf
fast für einen Schäferhund halten.
Sein Fell ist graubraun und sehr dicht,
die Beine sind auffallend lang, die
dreieckigen Ohren stehen aufrecht.
Aber du brauchst schon viel Glück,
um überhaupt einen Wolf zu Gesicht
zu bekommen! Er ist wie
Bär und Luchs ein sehr
scheues Tier.

Gut getarnt zwischen Steinen und
altem Holz

Wichtig zu wissen!

Wölfe sind sehr soziale Tiere.
Sie leben in Familienverbän-
den, die von zwei erfahrenen
Wölfen, einem Weibchen und
einem Männchen angeführt
werden. Das sind die Leit-
oder auch Alphatiere. Alle
Rudelmitglieder kümmern
sich gemeinsam um die Auf-
zucht der Welpen.

Besonders in den italienischen und den französischen Alpen gibt
es einige Wolfsfamilien. Sie halten sich sowohl im Hochgebirge als auch
in Bergwäldern und auf Almweiden auf. Als Fleischfresser haben Wölfe
in der Natur die Aufgabe einer Art Gesundheitspolizei: Vor allem kranke
oder schwache Tiere werden von ihnen erlegt. Manchmal holen sie sich
aber auch ein Schaf oder ein Kalb von einer Weide. Um Menschen machen
sie einen weiten Bogen.

Der Europäische Wolf wird 1 bis 1,4 m lang.

Den Europäischen Wolf kannst du das ganze Jahr über beobachten.

| Jan | Feb | Mär | Apr | Mai | Jun | Jul | Aug | Sep | Okt | Nov | Dez |

Der Schneesperling

Der Schneesperling hat einen graubraunen Rücken und einen hellgrauen
bis weißen Bauch. An den Flügeln und im Schwanz sitzen dunkelbraune und schwarze Federn. Kopf und Kehle sind grau,
Männchen haben außerdem einen dunklen Kehlfleck.
Bei den Weibchen ist der Fleck weniger deutlich
ausgeprägt. Schneesperlinge werden etwas
größer als Haussperlinge.

Männchen

Weibchen

Schau genau!

Achte mal auf die Schnäbel
der Vögel: Der des Männchens
ist im Sommer schwarz, im
Winter gelblich. Der Schnabel
des Weibchens ist gelblich
mit einer schwarzen Spitze.
Da Schneesperlinge meist
im Schwarm unterwegs sind,
kannst du die verschiedenen
Tiere gut vergleichen.

Den Schneesperling oder
Schneefink, wie er auch genannt
wird, triffst du häufig auf Almen
und in felsigen Höhen oberhalb der
Baumgrenze an, wo auch im Sommer
oft noch Schnee liegt. Er brütet
in Felsritzen. Im Sommer jagt er
Insekten. Im Winter ernährt sich
der Schneesperling hauptsächlich
von Samen.

Der Schneesperling wird bis zu 18 cm lang.

Den Schneesperling kannst du das ganze Jahr über beobachten.

| Jan | Feb | Mär | Apr | Mai | Jun | Jul | Aug | Sep | Okt | Nov | De |

Das Alpenschneehuhn

Mehrmals im Jahr wechselt das Schneehuhn sein Federkleid, sodass es im Lauf der Jahreszeiten immer gut an die Umgebung angepasst ist. Im Winter ist das Schneehuhn fast vollständig weiß. Im Frühjahr zeigt sich das Männchen grau, braun, beige, weiß und schwarz gesprenkelt. Das Weibchen ist insgesamt etwas bräunlicher. Im Sommer sind beide vorwiegend graubraun gefärbt – eine perfekte Tarnung für die Brutzeit.

Schau genau!

Pass bei Bergwanderungen oberhalb der Baumgrenze gut auf, wo du hintrittst: Das Nest des Alpenschneehuhns ist meist nur eine flache Mulde zwischen Steinen. Auch die gesprenkelten Eier sind sehr unauffällig.

Sommerkleid

Winterkleid

Das Schneehuhn lebt vor allem in der Krummholzzone und hält sich fast immer am Boden auf. Es fliegt nur selten und flattert auch bei Gefahr erst im letzten Moment auf. Im Winter lässt es sich zum Schutz vor der Kälte einschneien oder scharrt sich Schlafhöhlen in den Schnee.

Schneehuhn-Männchen im Frühjahr

Das Alpenschneehuhn wird 35 bis 40 cm lang.

Das Alpenschneehuhn kannst du das ganze Jahr über beobachten.

Jan	Feb	Mär	Apr	Mai	Jun	Jul	Aug	Sep	Okt	Nov	Dez

Das Birkhuhn

Bei den Birkhühnern fallen vor allem die Hähne mit ihrem schwarzen Gefieder, den weißen Flügelbinden, dem gegabelten Schwanz und den roten Hautflecken über den Augen auf. Während der Paarungszeit schwellen diese Flecken stark an. Die Hennen sind eher unauffällig gelblich braun gefärbt. Birkhühner gehören wie Schneehuhn und Auerhuhn zu den Raufußhühnern: Beine und Füße sind dicht befiedert; bei Vögeln ein sicheres Zeichen dafür, dass sie in kühlen und schneereichen Gegenden leben.

Erstaunlich!

Im Frühjahr hörst du die kollernden und zischenden Balzrufe der Birkhühner kilometerweit. Folgst du ihnen, triffst du vielleicht auf den Balzplatz, eine flache Stelle mit wenig Bewuchs. Birkhähne balzen gleich zu mehreren in einer Gruppe. Die Hennen sitzen in der Nähe auf einem erhöhten Aussichtspunkt wie einem Ast oder einem Fels und beobachten das Treiben. Am Ende wählen sie aus, wer ihr Partner werden soll.

Weibchen

Männchen

Birkhühner findest du oberhalb der Bergwälder in der Krummholzzone. Auch Hochmoore und Feuchtwiesen gehören zu ihrem Verbreitungsgebiet.

Das Birkhuhn wird 40 bis 60 cm lang, der Hahn ist größer als die Henne.

Das Birkhuhn kannst du das ganze Jahr über beobachten.

| Jan | Feb | Mär | Apr | Mai | Jun | Jul | Aug | Sep | Okt | Nov | De |

Das Auerhuhn

Der Auerhahn wird fast so groß wie eine Gans und ist deutlich größer als die Henne. Sein Gefieder hat eine rußschwarze Grundfärbung, die Brust schillert metallisch grünblau. Am auffälligsten ist der Schwanz, den der Hahn bei der Balz wie einen Fächer aufschlagen kann. Die Henne ist rot- bis graubraun gesprenkelt und hat eine rostfarbene Brust.

Weibchen

Männchen

Auerhühner mögen Bergwälder mit vielen Nadelbäumen und niedrigen Sträuchern. Europas größte flugfähige Waldvögel sind zugleich auch die seltensten: Von den Auerhühnern gibt bei uns nur noch wenige Hundert Tiere.

Wichtig zu wissen!

Bei der Balz zeigt sich der Auerhahn in seiner ganzen Pracht, vor allem der aufgefächerte Schwanz soll Eindruck machen. Auch in Verteidigungsstellung wird er präsentiert, denn er lässt den Vogel noch größer wirken. Beim Werben um ein Weibchen senkt der Hahn außerdem die Flügel und reckt den Hals empor. Jetzt siehst du auch die kleinen Federn an der Kehle. Die roten Hautflecken über den Augen schwellen an und leuchten aus dem dunklen Gefieder hervor.

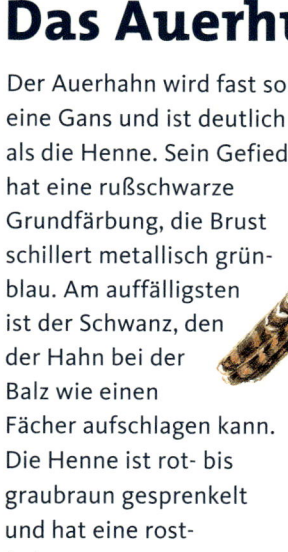

Das Auerhuhn wird 65 bis 95 cm groß, der Hahn ist größer als die Henne.

Das Auerhuhn kannst du das ganze Jahr über beobachten.

| Feb | Mär | Apr | Mai | Jun | Jul | Aug | Sep | Okt | Nov | Dez |

Der Steinschmätzer

Der knicksende, huschende Gang ist typisch für den seltenen Steinschmätzer, der es immer irgendwie eilig zu haben scheint. Männchen fallen durch den schwarzen Streifen über ihren Augen auf, der bei den Weibchen nicht so ausgeprägt ist. Das Gefieder ist auf dem Rücken hellgrau, am Bauch sandfarben, die Flügel sind dunkel. Einen fliegenden Steinschmätzer erkennst du auch am Schwanzmuster, das wie ein großes, dick gemaltes „T" aussieht.

Der Steinschmätzer gehört zur Familie der Fliegenschnäpper.

Erstaunlich!

Steinschmätzer sind Zugvögel. Den Winter verbringen sie in wärmeren Gegenden, wo sie ausreichend Nahrung finden. Teilweise fliegen sie bis nach Ostafrika! Weht der Wind günstig, können sie pro Flugetappe mehr als 400 Kilometer zurücklegen. Für die kleinen Vögel bedeutet die weite Strecke dennoch eine gewaltige Kraftanstrengung.

Steinschmätzer lieben felsiges Gelände. In den Alpen findest du sie oberhalb der Baumgrenze.

Der Steinschmätzer wird bis zu 15 cm lang.

Den Steinschmätzer kannst du von April bis September beobachten.

| Jan | Feb | Mär | Apr | Mai | Jun | Jul | Aug | Sep | Okt | Nov | D |

Die Alpenbraunelle

Ein sicheres Merkmal, an dem du die Alpenbraunelle von ihrer Verwandten, der Heckenbraunelle, unterscheiden kannst, ist die helle Kehle mit den kleinen schwarzen Punkten. Die Flanken zeigen eine rostbraune Färbung. Männchen und Weibchen sehen gleich aus. Ein Tipp: Spitz im Winter mal die Ohren! Anders als die meisten Singvögel lässt die Alpenbraunelle auch in der kalten Jahreszeit ihr lerchenähnliches Trillern hören.

Schau genau!

Die Alpenbraunelle legt ihr Nest in geschützten Fels- nischen an, manchmal am Boden zwischen Steinen. Die Jungen verbringen etwa drei Wochen im Nest. Auf ihrem Speiseplan stehen Insekten, Spinnen, Schnecken und Re- genwürmer. Ausgewachsene Vögel fressen auch Pflanzen- samen. Wenn du eine relativ dunkle Alpenbraunelle ohne rostbraune Flanken siehst, hast du vermutlich einen Jungvogel entdeckt.

Die Alpenbraunelle hält sich oberhalb der Baumgrenze an steinigen Hängen und auf felsigen Grasflächen auf. Ihr Reich erstreckt sich bis in 3000 Meter Höhe.

Die Alpenbraunelle wird 16 bis 18 cm lang.

Die Alpenbraunelle kannst du das ganze Jahr über beobachten.

| Jan | Feb | Mär | Apr | Mai | Jun | Jul | Aug | Sep | Okt | Nov | Dez |

Die Ringdrossel

Männchen

Der Zugvogel trifft ungefähr im März bei uns ein, nachdem er den Winter im Mittelmeerraum verbracht hat. Das Männchen kehrt zuerst zurück und besetzt ein Revier, was es mit lautem Gesang verkündet. Am liebsten von einem hohen Zweig oder einer Tannenspitze aus! Der Ruf der Ringdrossel erinnert an ein schnalzendes „tsek-tsek" oder „tok-tok". Ihr Gesang ist dem Gezwitscher anderer Drosselarten sehr ähnlich.

Weibchen

Schau genau!

Woher die Ringdrossel ihren Namen hat, entdeckst du sicher auf den ersten Blick: Der weiße Halbring auf ihrer Brust ist nicht zu übersehen. Bei den Weibchen leuchtet er nicht ganz so hell wie bei den Männchen, sondern sieht eher grau aus. Das Federkleid hat eine Art Schuppenzeichnung.

Lichter Nadelwald und auch die Krummholzzone mit niedrigen Nadelhölzern sind der Lebensraum der Ringdrossel. Wenn du die Vögel beobachten willst, musst du sehr vorsichtig sein. Nimm am besten ein Fernglas. Ringdrosseln sind immer auf der Hut. Sobald sie sich gestört fühlen, fliegen sie außer Sichtweite.

Die Ringdrossel wird 24 bis 26 cm lang.

Die Ringdrossel kannst du von März bis Oktober beobachten.

Jan   Feb   Mär   Apr   Mai   Jun   Jul   Aug   Sep   Okt   Nov   D

Der Tannenhäher

Du siehst es ihm auf den ersten Blick nicht
an, aber wie Rabe und Krähe gehört auch
der Tannenhäher zu den Rabenvögeln. Sein
dunkles Gefieder ist mit zahlreichen weißen
Flecken gesprenkelt. Siehst du ihn fliegen,
kanns du den weißen Saum
der Schwanzfedern gut
erkennen.

Wichtig zu wissen!

Um an die leckeren Nüsse
im Zirbenzapfen zu kom-
men, hackt der Tannenhäher
den Zapfen mit seinem kräftigen
Schnabel rundherum auf. Die
Nüsse versteckt er als Wintervor-
rat in der Erde. Weil er nicht alle
wiederfindet, können aus den
Nüssen neue Zirben wachsen.
Ohne den Tannenhäher wäre die
Zirbe oder Zirbelkiefer in den Bergen wohl nur halb so verbreitet.

Am liebsten hält der Tannenhäher sich in Bergwäldern mit vielen
Nadelbäumen auf. Wenn es dort Zirben (siehe Seite 74) gibt, umso besser!
Deren Nüsse sind im Winter seine Leibspeise. Im Sommer frisst der Häher
vor allem Insekten, macht aber auch vor den Eiern anderer Vögel und vor
frisch geschlüpften Vogelküken nicht Halt.

Der Tannenhäher wird 32 bis 35 cm lang.

Den Tannenhäher kannst du das ganze Jahr über beobachten.

| Feb | Mär | Apr | Mai | Jun | Jul | Aug | Sep | Okt | Nov | Dez |

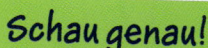

Die Alpendohle

Schwarz, Gelb und Rot sind die Farben der Alpendohle; schwarz ist das Gefieder, der Schnabel leuchtet gelb, die Beine sind rot. Die Dohle ist der wohl am häufigsten zu beobachtende Vogel in den Bergen. Spektakulär sind ihre Flugkünste: rasante Sturzflüge, elegantes Segeln, lässiges Gleiten – es sieht so aus, als spiele sie mit dem Wind. Ihr Laufen ist eine Art würdevolles Schreiten.

Schau genau!

Dohle oder Krähe? Beide kommen in den Bergen häufig vor und sehen sich sehr ähnlich. Am Schnabel kannst du sie unterscheiden: Bei der Alpendohle ist er gelb, bei der Alpenkrähe ist er rot.

Erstaunlich!

Fliegende Wettervorhersage: Bei drohenden Wintereinbrüchen in den Bergen fliegen die Dohlen in die Täler, wo sie oft in großen Schwärmen kreisen. Bald darauf beginnt es meist zu schneien.

Alpendohlen kannst du oberhalb der Baumgrenze noch bis in 3000 Metern Höhe beobachten – und natürlich hoch oben am Himmel. Die neugierigen Vögel kommen gerne zu Almwirtschaften und Wanderhütten, in der Hoffnung, etwas Fressbares zu ergattern.

Die Alpendohle wird 34 bis 38 cm lang.

Die Alpendohle kannst du das ganze Jahr über beobachten.

| Jan | Feb | Mär | Apr | Mai | Jun | Jul | Aug | Sep | Okt | Nov | D |

Der Kolkrabe

Der intelligente Kolkrabe ist unser größter Rabenvogel und schwarz vom Schnabel bis zur Schwanzfeder. Auch sein Schnabelansatz ist befiedert. Achte bei einem fliegenden Raben auf den Schwanz: Er ist deutlich keilförmig. Wie die Alpendohle ist auch der Kolkrabe ein wahrer Flugakrobat. Sturzflüge, Loopings und kurze Strecken auf dem Rücken fliegen sind für ihn kein Problem.

Wichtig zu wissen!

Hättest du gedacht, dass der Kolkrabe zu den Singvögeln gehört? Er ist sogar der größte der Welt! Sein Name leitet sich von seinen Rufen ab, die wie „kolk-kolk" und „rab-rab" klingen, manchmal auch nur wie ein lautes Krächzen. Ein krächzender Rabe nimmt eine typische Haltung ein: Der Kopf ist weit vorgestreckt und die Federn am Hals sträuben sich wie ein Bart.

In den Alpen hält sich der Kolkrabe bis in 2500 Metern Höhe auf; seine Brutplätze liegen etwas tiefer. Raben sind neugierig und verspielt. Häufig wurde schon beobachtet, wie Raben aus lauter Spaß im Winter auf dem Rücken Schneehänge herunterrutschen.

Der Kolkrabe wird bis zu 66 cm lang.

Den Kolkraben kannst du das ganze Jahr über beobachten.

| Feb | Mär | Apr | Mai | Jun | Jul | Aug | Sep | Okt | Nov | Dez |

Der Steinadler

Erwachsene Adler haben ein dunkelbraunes Gefieder, der Schwanz mit dem breiten weißen Streifen endet in einem schwarzen Querstreifen. Die kräftigen Füße, Fänge genannt, sind neben dem Schnabel die stärkste Waffe des Adlers. An den leuchtend gelben Zehen sitzen lange messerscharfe Krallen.

Wichtig zu wissen!

Weil er so majestätisch über den Berggipfeln kreist, wird der Steinadler auch König der Lüfte genannt. Alles an ihm ist ziemlich beeindruckend, zum Beispiel die Flügelspannweite, die mehr als zwei Meter betragen kann, die sprichwörtlichen Adleraugen, die zehnmal schärfer sind als die eines Menschen, und der starke gebogene Schnabel.

 In den Alpen brütet der Steinadler meist oberhalb der Waldgrenze in steilen Felswänden, manchmal auch auf frei stehenden alten Bäumen.

Steinadler fressen Murmeltiere, Gamskitze, schwache und auch tote Tiere.

Der Steinadler wird 80 bis 95 cm groß (Männchen sind etwas kleiner).

Den Steinadler kannst du das ganze Jahr über beobachten.

| Jan | Feb | Mär | Apr | Mai | Jun | Jul | Aug | Sep | Okt | Nov | D |

Der Bartgeier

Geier in den Alpen? Ja tatsächlich, mit viel Glück kannst
du den seltenen Bartgeier dort beobachten. Seine Oberseite ist grauschwarz, Kopf, Hals und Unterseite sind
weißlich bis rostrot gefärbt. Um die Augen zieht sich
ein roter Ring. Der lange Schwanz ist keilförmig.
Auffälligstes Merkmal sind aber wohl die borstigen
schwarzen Federn, die dem Geier wie ein Bart
über den Schnabel hängen.

Mithilfe von Auswilderungs-
programmen konnte der Bartgeier
in Italien, Österreich und der Schweiz
wieder angesiedelt werden. Er lebt
oberhalb der Baumgrenze. Seine Hauptnahrung
sind die Knochen von verendeten Tieren. Um
sie in portionsgerechte Stücke zu zerteilen,
lässt er sie aus großer Höhe auf flache Fels-
platten fallen. Die Knochenstücke verschlingt
er im Ganzen, den Rest erledigt seine extrem
starke Magensäure.

Erstaunlich!

Mit einer Flügelspannweite
von bis zu 2,80 Metern ist
der Bartgeier einer der
größten flugfähigen Vögel
der Welt. Die Flügel wirken
im Verhältnis zur Größe
eher schmal und laufen
spitz zu. Im Gleitflug lässt
der Geier sie leicht nach
unten hängen.

Der Bartgeier wird bis zu 1,15 m lang.

Den Bartgeier kannst du das ganze Jahr über beobachten.

| Feb | Mär | Apr | Mai | Jun | Jul | Aug | Sep | Okt | Nov | Dez |

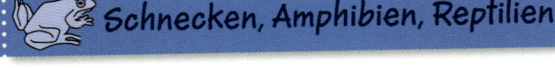

Die Alpenwegschnecke

Mit einer Körperlänge von höchstens drei Zentimetern bleibt die gelb-
braune Alpenwegschnecke mit den dunklen Seitenstreifen viel kleiner als
die meisten ihrer Verwandten. Wie alle Wegschnecken ist sie eine Nackt-
schnecke, das heißt, sie hat kein Gehäuse. Die inneren Organe werden vom
sogenannten Mantelschild am vor-
deren Körperteil geschützt.
Zur Abwehr von
Fressfeinden
kann sich die
Alpenweg-
schnecke auch
zusammenrollen.

Mantelschild

Auch die Rote Wegschnecke wagt sich bis in
Höhen von bis zu 1800 Metern vor. Sie wird
15 Zentimeter lang.

Wichtig zu wissen!

Die Alpenwegschnecke ist eine
Lungenschnecke. Sie hat zwar
keine Nase zum Luftholen, aber
ein Atemloch an der Seite des
Mantelschilds. Ihr Atmungs-
organ sitzt unter dem Mantelschild in der Mantelhöhle.
Hier liegen auch die anderen
lebenswichtigen Organe.

Die Alpenwegschnecke lebt in Bergwäldern zwischen Laub
und auf Moos. Sie ernährt sich von Pilzen und von Falllaub.

Die Alpenwegschnecke erreicht eine Länge von 2 bis 3 cm.

Die Alpenwegschnecke kannst du von April bis Oktober beobachten.

Jan | Feb | Mär | Apr | Mai | Jun | Jul | Aug | Sep | Okt | Nov

Der Alpensalamander

Der komplett schwarze Alpensalamander glänzt, als käme er gerade aus dem Wasser. Tatsächlich braucht er eine feuchte Umgebung, um zu überleben. Am besten kannst du ihn bei regnerischem Wetter beobachten. Deshalb trägt er auch den Spitznamen „Regenmännchen". Mit dem ebenfalls schwarzen Bergmolch kannst du ihn nicht verwechseln, denn der hat einen orangefarbenen Bauch.

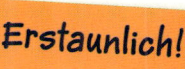

Erstaunlich!

Der Alpensalamander gehört zu den wenigen Amphibien, die keine Eier legen, sondern fast vollständig entwickelte Junge zur Welt bringen. Nach der Paarung im Frühjahr vergeht aber erst einmal viel Zeit: Zwei bis vier Jahre kann die Tragzeit dauern! Bei ihrer Geburt sind die kleinen Salamander bereits 45 bis 50 Millimeter lang.

Schau genau!

Bei Gefahr hebt der Alpensalamander seinen Kopf und biegt ihn nach hinten. So wirkt er größer. Außerdem kann er ein giftiges Hautsekret absondern.

Feuchte Bergwälder sind der Lebensraum des Alpensalamanders. Bei sehr trockenem Wetter sucht er Unterschlupf unter Wurzeln oder in Felsspalten. Auch in der Nähe von Gebirgsbächen und auf feuchten Almwiesen hat er Verstecke.

Der Alpensalamander wird bis zu 15 cm lang.

Der Alpensalamander ist von Mai bis September aktiv.

	Feb	Mär	Apr	Mai	Jun	Jul	Aug	Sep	Okt	Nov	Dez

Die Gelbbauchunke

Von oben betrachtet, wirkt die graubraun bis lehmgelb gefärbte Gelbbauchunke mit dem warzigen Rücken sehr unscheinbar. Doch auf dem Bauch hat jedes Tier ein eigenes gelb-schwarzes Muster, durch das es unverwechselbar ist. Ein typisches Erkennungsmerkmal aller Unken sind übrigens die herzförmigen Pupillen.

Vorsicht!

Hast du schon einmal vom Unkenschnupfen gehört? Das ist eine allergische Reaktion, die der giftige Hautschleim der Gelbbauchunke beim Menschen auslösen kann. Das Sekret wird bei Gefahr abgesondert.

Schau genau!

Fühlt sich die Unke bedroht, reagiert sie mit dem sogenannten Unkenreflex: Sie biegt den Körper durch und die Gliedmaßen nach oben. So wird der gemusterte Bauch sichtbar, dessen Warnfarben Feinde abschrecken sollen. Halte Abstand und störe die Unke nicht, denn sie ist streng geschützt.

Flache Tümpel und wassergefüllte Senken sind der Lebensraum der Gelbbauchunke. In der Sonne erwärmen sich die Wasserstellen schnell – sehr angenehm für die Unken, denn wie alle Amphibien sind sie wechselwarm: Ihre Körpertemperatur schwankt mit der Umgebungstemperatur. Bei weniger als 10 Grad Celsius fallen sie in eine Art Starre.

Die Gelbbauchunke wird 4 bis 5 cm lang.

Die Gelbbauchunke ist von März bis Oktober aktiv.

| Jan | Feb | Mär | Apr | Mai | Jun | Jul | Aug | Sep | Okt | Nov | D |

Der Grasfrosch

Anders als sein Name vermuten lässt, ist der Grasfrosch nicht grasgrün, sondern bräunlich mit dunkler Zeichnung. Auffällig ist der dreieckige dunkelbraune Schläfenfleck. Vielleicht hast du dich schon mal gefragt, ob Frösche Ohren haben: An diesem Fleck sitzt das Trommelfell. Zur Paarungszeit im Frühjahr kannst du häufig Frösche beobachten, die einen Artgenossen huckepack auf dem Rücken tragen: Das Männchen umklammert das Weibchen manchmal tagelang, um den richtigen Zeitpunkt zur Befruchtung der Eier nicht zu verpassen.

Wichtig zu wissen!

Die Froscheier, Laich genannt, werden in flachem Wasser abgelegt. Typisch für den Grasfrosch sind sehr große Laichballen, die aus bis zu 4500 Eiern bestehen. Aus den Eiern schlüpfen die Kaulquappen, je nach Wetter und Temperatur schon nach ein paar Tagen, manchmal auch erst nach vier Wochen. Aus den Kaulquappen entwickeln sich dann die Frösche.

Laich

Grasfrösche suchen die Nähe von stehenden oder fließenden Gewässern. Das können Tümpel in Bergmulder oder Gebirgsbäche mit ruhigen Seitenbuchten sein.

Der Grasfrosch erreicht eine Körperlänge von 11 cm.

Den Grasfrosch kannst du von März bis Oktober beobachten.

| Feb | Mär | Apr | Mai | Jun | Ju | Aug | Sep | Okt | Nov | Dez |

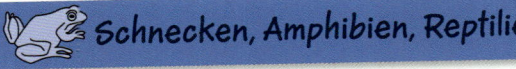
Die Bergeidechse

Die Berg- oder auch Waldeidechse ist graubraun mit einem dunklen Längsstreifen und vielen Flecken. Männchen und Weibchen kannst du am Bauch unterscheiden: Bei den Weibchen ist er weißlich bis gelb mit einigen Flecken, bei den Männchen orange und schwarz gemustert. Der Schwanz hat eine Art Sollbruchstelle: Bei Gefahr kann die Eidechse ihn abwerfen. Das noch zuckende Schwanzstück soll den Gegner ablenken, während sie flüchtet. Der nachwachsende Schwanz bleibt etwas kleiner.

Wichtig zu wissen!

Die Bergeidechse bringt nach drei Monaten Tragzeit bis zu zehn Junge zur Welt. Bei der Geburt zerreißt die zarte Eihaut, in der jedes Jungtier im Mutterleib herangewachsen ist. Die kleinen Eidechsen sind bereits 30 bis 40 Millimeter groß. Zunächst sind sie einheitlich schwarzbraun gefärbt. Erst allmählich bekommen sie die Musterung der erwachsenen Tiere.

Feuchte Lichtungen im Bergwald, moorige Hochflächen und Böschungen sind Orte, an denen sich die Bergeidechse gern aufhält.

Hier fühlen sich Bergeidechsen wohl.

Die Bergeidechse wird mit Schwanz 16 cm lang.

Die Bergeidechse kannst du von März bis Oktober beobachten.

| Jan | Feb | Mär | Apr | Mai | Jun | Jul | Aug | Sep | Okt | Nov | D |

Die Blindschleiche

Die graubraune Blindschleiche sieht zwar wie eine kleine Schlange aus, ist aber keine; sie gehört zu den Schleichen. Das sind Eidechsen, deren Beine zurückgebildet sind. Wie andere Eidechsen auch kann die Blindschleiche bei Gefahr ihren Schwanz abwerfen. Er wächst dann allerdings nicht wieder nach.

Erstaunlich!

Wusstest du, dass Blindschleichen anders als Schlangen ihre Augen verschließen können? Schlangen haben keine beweglichen Augenlider, die Blindschleiche dagegen schon. Ihr Name bedeutet übrigens nicht, dass sie blind ist, sondern leitet sich vermutlich von einem alten Wort für blendend oder blinkend ab. Gemeint ist damit der metallische Glanz der glatten Schuppen.

Die Blindschleiche bewohnt vor allem Laubwälder. Auf von der Sonne beschienenen Flecken nimmt sie gern ein Sonnenbad. Ihre Verstecke liegen unter morschem Holz oder zwischen Steinen, in weichen Untergrund gräbt sie sich auch ein.

So wie die Eidechsenjungen werden auch die kleinen Blindschleichen lebend geboren.

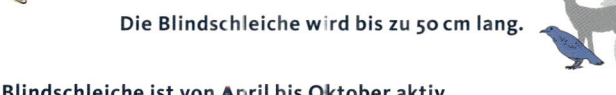

Die Blindschleiche wird bis zu 50 cm lang.

Die Blindschleiche ist von April bis Oktober aktiv.

| Feb | Mär | Apr | Mai | Jun | Jul | Aug | Sep | Okt | Nov | Dez |

Die Kreuzotter

Der dunklen Rückenzeichnung, die an ein Kreuzmuster oder Zickzackband erinnert, verdankt die Kreuzotter ihren Namen. Sie gehört zu den Vipern und ist wie alle Schlangen dieser Art giftig. Die tagaktive Schlange nimmt gern Sonnenbäder. Wenn sie sich aufgewärmt hat, macht sie Jagd auf kleine Säugetiere und Eidechsen.

Wichtig zu wissen!

Die Kreuzotter weist einige typische Vipernkennzeichen auf: Der dreieckige Kopf ist deutlich vom Körper abgesetzt. Auffällig sind die Vipernaugen: Die Pupillen bilden tagsüber einen senkrechten Schlitz. Bei anderen Schlangenarten können sie waagerecht oder rund sein.

Die Kreuzotter bevorzugt warme und trockene Stellen auf Waldlichtungen, Almwiesen und Geröllfeldern an der Baumgrenze. In den Bergen und in allen kühleren Regionen kommen manchmal ganz schwarze Kreuzottern vor. Sie werden auch Bergvipern genannt.

Die Kreuzotter wird 60 bis 80 cm lang.

Die Kreuzotter ist von April bis Oktober unterwegs.

| Jan | Feb | Mär | Apr | Mai | Jun | Jul | Aug | Sep | Okt | Nov | D |

Der Gletscherfloh

Mit bloßem Auge siehst du wahrscheinlich nur Pünktchen im Schnee:
Den schwarzen Gletscherfloh mit seinen sechs Beinen und der Sprung-
gabel am Hinterleib betrachtest du am besten mit einer Lupe. Das
kleine Tier zählt zu den Springschwänzen, die sich mit der Gabel an
ihrem Hinterleib springend fortbewegen können.

Dank einer Art innerem
Frostschutzmittel
aus Zucker und
Alkohol überleben
Gletscherflöhe
sogar bei minus
15 Grad Celsius.

Gletscherflöhe findest du auf
Schnee- und Eisflächen. Die meiste
Zeit verbringen sie zwischen dem Eis
und der Schneedecke im sogenannten
Gletscherschlamm. Er besteht aus
winzigen Staubteilchen, Blütenpollen
und Pflanzenresten.

Erstaunlich!

Die Nahrung der Gletscherflöhe
besteht nicht nur aus den Pollen
und Pflanzenresten der Schlamm-
schicht, sondern auch aus kleinen
Süßwasseralgen, die im Schnee
sitzen. Sie kannst du vor allem im
Sommer im sogenannten Blut-
schnee entdecken. Die Rotfärbung
entsteht durch die Algen, die sich
mit ihrem roten Farbstoff vor der
im Gebirge höheren UV-Strahlung
schützen. Im angetauten Schnee
vermehren sie sich besonders
stark.

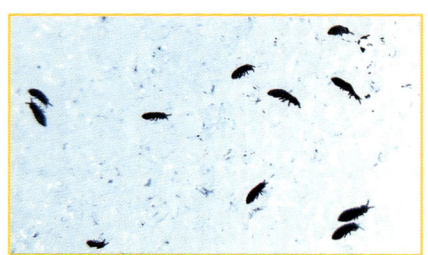

Der Gletscherfloh wird 1,5 bis 2 mm lang.

Der Gletscherfloh ist das ganze Jahr über aktiv.

Jan	Feb	Mär	Apr	Mai	Jun	Jul	Aug	Sep	Okt	Nov	Dez

Der Gletscherweberknecht

Der Gletscherweberknecht hat acht sehr lange und dünne Beine, sein Körper ist blaugrau bis schwarz-weiß gemustert. Weibchen werden mit bis zu zehn Millimetern Körperlänge fast doppelt so groß wie Männchen. Weberknechte sind Spinnentiere. Anders als Echte Spinnen haben sie keine Spinndrüsen und bauen keine Netze. Ihre Beute – vor allem Gletscherflöhe – packen sie blitzschnell mit den Zangen und verschlingen sie.

Wichtig zu wissen!

Aus Stinkdrüsen am Hinterleib sondern Weberknechte bei Gefahr eine übel riechende und für manche Tiere giftige Substanz ab. Sie wirkt leicht betäubend. Während sein Gegner so vorübergehend außer Gefecht gesetzt ist, läuft der Weberknecht auf seinen langen Beinen rasch davon. Unterschlupf findet er in Hohlräumen zwischen Steinen. Dort legt das Weibchen auch seine Eier ab.

Der Gletscherweberknecht ist nur in den Alpen und dort noch in 3600 Metern Höhe anzutreffen. So hoch schafft es kein anderes Spinnentier!

Häufig hält sich der Gletscherweberknecht im Geröll oder an Felswänden am Rand von Gletschern auf.

Der Gletscherweberknecht wird (ohne Beine) 5 bis 10 mm lang.

Den Gletscherweberknecht kannst du von Juni bis September beobachten.

| Jan | Feb | Mär | Apr | Mai | Jun | Jul | Aug | Sep | Okt | Nov | De |

Der Alpenskorpion

Schon seit 400 Millionen Jahren leben Spinnentiere auf der Erde, auch die
Skorpione gehören dazu. Der dunkelbraune bis schwarze Alpenskorpion mit
der hellen Bauchseite ist einer der seltensten; er zählt zu den bedrohten
Arten. Nachts geht er auf Beutefang: Mit seinen kräftigen Zangen
schnappt er Insekten, Hundertfüßer und andere Spinnentiere.
Ein Stich mit seinem Giftstachel am
Schwanz lähmt oder tötet die Beute.

Schau genau!

**Spinne oder Insekt? Die
Anzahl der Beine verrät
es: Bei Insekten sind es
sechs, bei Spinnentieren
acht. Auch der Skorpion
hat acht Beine.**

Stein- und Geröllhalden sowie
von der Sonne durchwärmter Kiefernwald
sind der Lebensraum des Alpenskorpions.
Im Winter hält er Winterruhe.

Wichtig zu wissen!

**Alpenskorpione sind lebend-
gebärend. Die Jungen sehen
weißlich aus und sind sehr empfindlich. Deshalb klettern sie so-
fort auf den Rücken der Mutter,
wo sie sicher aufgehoben sind,
bis sie sich gehäutet haben und
ihre Panzer ausgehärtet sind.**

Der Alpenskorpion wird 20 bis 30 mm lang.

Der Alpenskorpion ist von Mai bis September aktiv.

| n | Feb | Mär | Apr | Mai | Jun | Jul | Aug | Sep | Okt | Nov | Dez |

Der Bergbach-Dammläufer

Der Körper des Bergbach-Dammläufers hat einen ausgeprägten Halsschild und ist schwarz. Die Deckflügel sind der Länge nach gerillt und meist ebenfalls schwarz gefärbt. Selten können sie auch rotbraun sein. Im Sommer paaren sich die Käfer. Die Larven, die später aus den Eiern schlüpfen, überwintern ebenso wie die erwachsenen Tiere. Erst im nächsten Frühjahr entwickeln sich die Larven weiter.

Schau genau!

Siehst du die langen Fühler am Kopf des Käfers? Sie werden Antennen genannt und sind mit Sinneszellen für den Tast- und Geruchssinn ausgestattet.

Der kleine Käfer aus der Familie der Laufkäfer ist häufig im Uferbereich von Gebirgsbächen und -flüssen zu finden.

Wichtig zu wissen!

Die Mundwerkzeuge von Käfern heißen Mandibeln. Es sind meist kräftige Zangen. Der Bergbach-Dammläufer greift damit seine Beute und zerbeißt sie. Springschwänze stehen ganz oben auf seinem Speiseplan.

Springschwanz

Der Bergbach-Dammläufer wird 9 bis 12 mm lang.

Der Bergbach-Dammläufer ist von April bis Oktober aktiv.

Jan | Feb | Mär | Apr | Mai | Jun | Jul | Aug | Sep | Okt | Nov | De

Der Gemeine Dungkäfer

Den Dungkäfer erkennst du leicht an seinen rotbraun leuchtenden Flügeldecken; Kopf und Halsschild sind schwarz. Wenn du genau hinsiehst, fallen dir bestimmt auch die Fühler auf. Sie sehen aus wie winzige Zweige mit Blättern, denn die letzten Glieder sind blattartig verbreitert.

Wichtig zu wissen!

Im Dung werden auch die Eier abgelegt. Die Larven, die aus den Eiern schlüpfen, haben dann gleich genug zu fressen. Sie überwintern in der Erde unter dem Dunghaufen. Im nächsten Frühjahr verpuppen sie sich. Aus der Puppe schlüpft der fertige Käfer.

Dungkäfer sind fast überall dort anzutreffen, wo Pferde oder Rinder leben. Ihr Name verrät den Grund: Die Käfer lieben den Dung, also den frischen Kot der Tiere. Er enthält so viele Nährstoffe, dass sie sich davon ernähren können. Deshalb findet man die Käfer in den Bergen fast immer auf beweideten Almen.

Der Gemeine Dungkäfer wird 5 bis 8 mm groß.

Den Gemeinen Dungkäfer kannst du von Mai bis September beobachten.

n   Feb   Mär   Apr   Mai   Jun   Jul   Aug   Sep   Okt   Nov   Dez

Die Rinderbremse

Die große Bremse hat einen graubraunen Körper und lange Flügel. Auf ihrem Hinterleib sind helle dreieckige Flecken zu erkennen, die seitlich zu schmalen Linien werden. Die Männchen ernähren sich von Pflanzennektar. Die Weibchen dagegen brauchen nahrhaftere Kost, um ihre Eier legen zu können: Sie saugen das Blut von Säugetieren und auch von Menschen.

Mach mit!

Bremsenstiche jucken ganz gemein. Aber es gibt ein Mittel zur raschen Linderung: Die Blätter des Spitzwegerichs sind wohltuend bei Insektenstichen aller Art. Einfach ein paar Blätter leicht zerdrücken und auf die Einstichstelle legen. Spitzwegerich findest du auf Wiesen, Weiden und an Wegrändern. Er hat lange, lanzenförmige Blätter und blüht von Mai bis September.

Wo Rinder weiden, ist die Rinderbremse meist nicht fern. Auf Almweiden kann sie sogar zur Plage werden. Mit ihrem Stechrüssel durchstößt die Rinderbremse mühelos die Haut. Um das Blut aufsaugen zu können, spritzt sie ein Sekret in die Wunde, das die Blutgerinnung hemmt. Es verursacht die typischen Quaddeln auf der Haut und den Juckreiz. In 2000 Metern Höhe ist jedoch Schluss, so hoch in den Bergen kommt die Bremse nicht mehr vor.

Die Rinderbremse wird 19 bis 24 mm lang.

Die Rinderbremse fliegt von Mai bis September.

| Jan | Feb | Mär | Apr | Mai | Jun | Jul | Aug | Sep | Okt | Nov | D |

Die Alpenhummel

Die Grundfarbe der Alpenhummel ist schwarz, nur ihr Hinterleib ist hellbraun. Durch die dichte Behaarung wirkt sie fast ein wenig struppig. Ihr Pelz schützt die Hummel vor Kälte; wenn die Königin im Frühjahr für den Nestbau unterwegs ist, fliegt sie sogar bei Temperaturen um den Gefrierpunkt.

Schau genau!

Es gibt auch Bienen, die in der Erde nisten. Die Sandbiene bevorzugt sandige Stellen im Boden. Einige Sandbienenarten kommen in den Bergen sogar bis in 1800 Metern Höhe vor. Mit der Alpenhummel kannst du sie kaum verwechseln: Die Hummel wird fast doppelt so groß.

Die Alpenhummel ist vor allem oberhalb der Baumgrenze anzutreffen. Die Hummelkönigin ist die Einzige im Hummelvolk, die den Winter überlebt. Schon Ende April macht sie sich auf die Suche nach einem neuen Nistplatz. Achte auf verlassene Mäuselöcher: Dort legt die Hummel gern ihr Nest an. Drohnen, Arbeiterinnen und die Königin – im Hummelvolk leben bis zu 150 Tiere. Drohnen sind die Männchen, mit denen sich die Königin paart. Die Arbeiterinnen sammeln Nektar und Pollen. Dabei tragen sie auch Pollen von einer Blüte zur anderen und bestäuben sie.

Die Alpenhummel (Arbeiterin) ist 14 mm lang, die Königin 26 mm.

Die Alpenhummel ist von April bis Oktober unterwegs.

| an | Feb | Mär | Apr | Mai | Jun | Jul | Aug | Sep | Okt | Nov | Dez |

Das Blutströpfchen

Seinen Namen verdankt das Blutströpfchen den paarweise angeordneten blutroten Flecken auf
seinen Vorderflügeln. Es sind auf
jedem Flügel sechs, weshalb
der kleine Schmetterling aus
der Familie der Widderchen
auch Sechsfleck-Widderchen
genannt wird. Auch die Hinter-
flügel leuchten rot, während die
Grundfärbung der Vorderflügel ein
metallisches Blau ist.

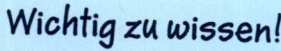

Wichtig zu wissen!

Das Blutströpf-
chen legt seine
Eier bevorzugt
an Hornklee und
Spitzwegerich
ab. Das sind die
Futterpflanzen
der Raupen, die
aus den Eiern
schlüpfen. Die
Raupen sind
gut 20 Millimeter lang und gelblich
grün mit schwarzen Punkten. Diese
auffällige Färbung soll Feinden sagen:
„Friss mich nicht, ich bin giftig!"

Das Blutströpfchen
kannst du vor allem auf
blühenden Wiesen beobachten,
auch auf Bergwiesen in bis zu
2000 Metern Höhe. Obwohl es
zu den Nachtfaltern zählt, ist es
wie alle Widderchen nicht nacht-
aktiv, sondern fliegt tagsüber.

Das Blutströpfchen hat eine Flügelspannweite von 30 bis 40 mm.

Das Blutströpfchen fliegt von Juni bis August.

| Jan | Feb | Mär | Apr | Mai | Jun | Jul | Aug | Sep | Okt | Nov | Dez |

Der Eismohrenfalter

Die Flügelfarbe des Eismohrenfalters erinnert an dunkelbraunen Samt, der manchmal grünlich oder bläulich schimmert. Typisch für diesen Schmetterling ist der elegante Segelflug, wobei er kaum mit den Flügeln schlägt, sondern durch die Luft gleitet. So schwebt er auf der Suche nach einem Weibchen über die Geröllfelder. Die Weibchen halten sich oft zwischen den Steinen auf.

Schau genau!

Nicht jeder Eismohrenfalter ist dunkelbraun. Viele tragen winzige weiße Punkte am Flügelrand. Es gibt auch Exemplare, die fast schwarz sind, andere wiederum graubraun mit rostroten Flecken. Möchtest du einen Falter aus der Nähe betrachten, nähere dich langsam und vorsichtig: Schon bei kleinen Störungen fliegt er davon.

Die Entwicklung vom Ei zur Raupe und von der Raupe zum Schmetterling dauert zwei Jahre.

Den Eismohrenfalter kannst du an felsigen Berghängen und auf Geröllfeldern am Rand von Schneeflächen beobachten. Er ist sogar noch in 3000 Metern Höhe anzutreffen.

Der Eismohrenfalter hat eine Flügelspannweite von bis zu 45 mm.

Der Eismohrenfalter ist von Juni bis August unterwegs.

| n | Feb | Mär | Apr | Mai | Jun | Jul | Aug | Sep | Okt | Nov | Dez |

Der Alpenbläuling

Dem schönen Hellblau seiner Flügel verdankt der Helle Alpenbläuling seinen Namen; die leuchtende Farbe fällt schon von Weitem ins Auge. So intensiv sind allerdings nur die Männchen gefärbt, die Weibchen tragen ein eher schlichtes Braun. Die Unterseite der Flügel ist bei beiden Geschlechtern blass und hat weiße Flecken.

Schau genau!

Mit seiner silberblauen Färbung unterscheidet sich der Dunkle Alpenbläuling deutlich von seinem helleren Verwandten. Die Weibchen sind auch bei diesem Schmetterling braun. Der Dunkle Alpenbläuling fliegt meist niedrig über Kurzgrasflächen auf felsigem Untergrund. Seine Eier legt er zum Beispiel an den Steinbrech-Arten ab, die zwischen Fels und Geröll wachsen.

Den Alpenbläuling findest du vor allem an Hängen mit vielen Blütenpflanzen. Seine Eier legt er bevorzugt am Alpen-Tragant ab. Diese Pflanze dient später als Futterquelle für die Raupen.

Der Alpenbläuling erreicht eine Flügelspannweite von bis zu 25 mm.

Der Alpenbläuling fliegt von Juli bis August.

| Jan | Feb | Mär | Apr | Mai | Jun | Jul | Aug | Sep | Okt | Nov | D |

Der Alpenapollo

Der Alpenapollo ist einer unserer größten Schmetterlinge und gut an seinen schwarz-weiß-roten Augenflecken auf den Hinterflügeln zu erkennen. Die Vorderflügel sind schwarz gefleckt, bei manchen Faltern sind aber auch hier kleine schwarz-rote Augenflecke dabei. Die Grundfärbung aller Flügel ist weißlich gelb. Seinem etwas größeren Verwandten, dem Roten Apollo, sieht der Alpenapollo bis auf seine geringelten Fühler sehr ähnlich.

Feuchte Senken und die nähere Umgebung von Gebirgsbächen sind der Lebensraum des Alpenapollos. Dort wachsen auch die Futterpflanzen, die seine Raupen brauchen.

Fetthennen-Steinbrech sind das Lieblingsfutter der Raupen.

Wichtig zu wissen!

Der Nachwuchs des Alpenapollos überwintert im Ei. Die Raupe schlüpft erst im folgenden Frühjahr nach der Schneeschmelze. Sie kann bis zu 48 Millimeter lang werden. Ihre Grundfarbe ist schwarz mit gelben oder orangefarbenen Flecken an der Seite. Zum Verpuppen sucht sich die Raupe eine geschützte Stelle zwischen Steinen oder im Moos. Sie spinnt einen dichten weißen Kokon um sich herum, in dem sie sich gut geschützt zum fertigen Schmetterling entwickeln kann.

Der Alpenapollo erreicht eine Flügelspannweite von 50 bis 60 mm.

Der Alpenapollo fliegt von Juni bis August.

| ...n | Feb | Mär | Apr | Mai | Jun | Jul | Aug | Sep | Okt | Nov | Dez |

Das Alpen-Widertonmoos

Widertonmoose wachsen fast so kräftig wie ein Rasen; auch das Alpen-Widertonmoos bildet dichte Teppiche, wenn ihm sein Standort behagt. Bei genauem Hinsehen erkennst du viele kleine Stämmchen, die in Zweigbüscheln enden.

Erstaunlich!

Wusstest du, dass das Widerton-Moos seinen Namen einem alten Aberglauben verdankt? Früher wurde es als Abwehrmittel gegen Flüche und Verwünschungen genutzt, es sollte etwas gegen – also „wider" – den bösen Zauber tun.

Wichtig zu wissen!

Wie alle Moose vermehrt sich auch das Alpen-Widertonmoos über Sporen. Sie bilden sich in runden Sporenkapseln. Jede dieser Kapseln sitzt an einem drei bis fünf Zentimeter langen Stiel. Etwa im Juli sind die Sporen reif, dann platzen die Kapseln auf und geben ihren Inhalt frei.

Wegen der braunen Haube auf den unreifen Sporenkapseln wir das Moos auch Haarmützenmoos genannt.

Du findest das Moos an halbschattigen Stellen im Bergnadelwald, auf Felsvorsprüngen und am Rand von feuchten Senken, in denen der Schnee lange liegt.

Das Alpen-Widertonmoos wächst 15 bis 20 cm hoch.

Das Alpen-Widertonmoos ist das ganze Jahr über zu sehen.

Jan   Feb   Mär   Apr   Mai   Jun   Jul   Aug   Sep   Okt   Nov   De

Das Alpen-Brunnenlebermoos

Brunnenlebermoose sind die häufigsten Arten der Lebermoose; in den Alpen ist das Alpen-Brunnenlebermoos heimisch. Es ist nicht in Stamm und Blättchen gegliedert, sondern hat einen auffällig breiten und bandförmigen Pflanzenkörper. Ihren Namen verdanken Lebermoose ihrer Ähnlichkeit mit der Leber von Tieren.

Schau genau!

Brunnenlebermoose bilden auch becherförmige Auswüchse, die Brutbecher genannt werden. In ihnen wachsen Mini-Moospflanzen, die zuerst wie kleine Scheibchen aussehen. Sie werden durch Regen herausgeschwemmt und wachsen zu einem neuen Moos heran. Sieh einmal genau hin, du kannst sie mit dem bloßen Auge erkennen.

Es gibt weibliche und männliche Pflanzenkörper.

weiblich

männlich

Das Alpen-Brunnenlebermoos mag feuchte und kühle Standorte. In den Bergen findest du es an Bachläufen oder auch an moorigen Stellen.

Das Alpen-Brunnenlebermoos wird etwa 10 cm lang und 2 cm breit.

Das Alpen-Brunnenlebermoos ist das ganze Jahr über zu finden.

Die Wolfsflechte

Die Wolfsflechte kannst du schon aufgrund ihrer auffälligen grüngelben Farbe nicht mit anderen Flechten verwechseln. Sie ist vielfach verzweigt und erinnert an einen dichten Bart oder einen hängenden Strauch. Tatsächlich gehört sie auch zu den Strauchflechten. Weil sie selten geworden ist, steht sie unter Schutz.

Erstaunlich!

Flechten sind eigentümliche Doppelwesen, ein Zusammenschluss von einem Pilz und einer Alge. Diese Lebensgemeinschaft ist für beide von Vorteil. So wird der Pilz zum Beispiel durch die Alge mit Nährstoffen versorgt. Im Gegenzug schützt er die Alge vor der Austrocknung.

Vorsicht!

Die Wolfsflechte enthält giftige Vulpinsäure. Früher wurde sie zum Vergiften von Fuchs- und Wolfsködern benutzt. Bei Hautkontakt kann die Flechte allergische Reizungen verursachen. Also besser nicht anfassen!

Wolfsflechten siedeln sich auf Stämmen und Ästen der Nadelbäume an. Vor allem an Zirben und Lärchen im Bereich der Waldgrenze sind sie zu finden. Manchmal wachsen die Flechten auch auf alten Hütten und Zäunen, die aus diesen Hölzern gebaut wurden.

Die Wolfsflechte wird 10 bis 15 cm lang.

Die Wolfsflechte ist das ganze Jahr über zu sehen.

| Jan | Feb | Mär | Apr | Mai | Jun | Jul | Aug | Sep | Okt | Nov | D |

Die Landkartenflechte

Die Muster, die diese Flechte bildet, erinnern ein wenig an eine Landkarte, daher der Name. Wenn du sie aus der Nähe oder mit einer Lupe betrachtest, erkennst du viele kleine Felder, die schwarz umrandet sind. Manchmal ist die Flechte leuchtend gelb, manchmal eher grünlich gefärbt. Sie wächst auf blankem Gestein und benötigt nicht einmal eine dünne Erdschicht, sondern bildet einen flachen Bewuchs, der fest auf dem Fels sitzt.

Wichtig zu wissen!

Weil Flechten sowohl Nährstoffe als auch Schadstoffe nahezu ungefiltert aus der Luft aufnehmen, sind sie äußerst empfindlich gegen Luftverschmutzung und schädliche Umwelteinflüsse. Die Landkartenflechte mag leicht feuchte und sehr saubere Luft und gilt als besonders empfindlich gegenüber Schadstoffen. Wo sie gut wächst, kannst du also tief durchatmen!

Die Landkartenflechte findest du auf Felsen. Auf Kalkstein siedelt sie sich eher selten an, gern aber auf saurem Silikat. Dieses Gestein kommt auf der ganzen Welt besonders häufig vor.

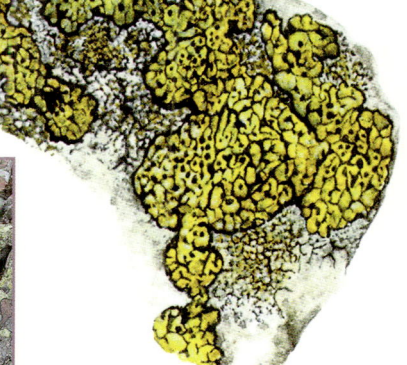

Die Landkartenflechte wächst extrem langsam, in 100 Jahren etwa 15 mm.

Die Landkartenflechte ist das ganze Jahr über zu sehen.

Feb	Mär	Apr	Mai	Jun	Jul	Aug	Sep	Okt	Nov	Dez

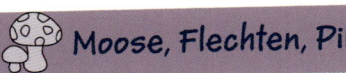

Der Echte Pfifferling

Gelb wie ein Eidotter fällt dir der Pfifferling am Waldboden bestimmt auf; kein Wunder also, dass er in manchen Gegenden auch Eierschwämmchen heißt. Und Pfifferling wird er genannt, weil er roh leicht pfeffrig schmeckt. Du solltest ihn aber immer ausreichend erhitzt genießen. Er gehört zu den beliebtesten Speisepilzen. Vom Stiel bis zum Hutrand ziehen sich gegabelte Leisten.

Schau genau!

Der Echte Pfifferling hat einen Doppelgänger, der ihm täuschend ähnlich sieht. Es ist der Falsche Pfifferling. Der ist zwar nicht giftig, aber schwer verdaulich. Echten und falschen Pilz kannst du gut unterscheiden: Aufgeschnitten zeigt sich das Fruchtfleisch des Falschen Pfifferlings durchgehend gelborange. Der Echte Pfifferling hat weißes Fruchtfleisch mit gelbem Rand. Er wächst außerdem nie an Totholz – sein ungenießbarer Doppelgänger hingegen schon.

Halte im Bergwald Ausschau nach Moospolstern und Heidelbeersträuchern: In deren Nähe könntest du Pfifferlinge finden.

Der Echte Pfifferling wird bis zu 6 cm hoch (Stiel), der Hut bis zu 9 cm breit.

Den Echten Pfifferling kannst du von Juni bis November finden.

| Jan | Feb | Mär | Apr | Mai | Jun | Jul | Aug | Sep | Okt | Nov | |

Der Rotrandige Baumschwamm

Ältere Baumschwämme weisen häufig drei Farbzonen auf: außen der rote Rand, darüber eine blaugraue Farbschicht und eine hellgraue Oberseite. Der Fruchtkörper ist sehr hart. Die Poren auf der Pilzunterseite sind klein und sitzen eng nebeneinander.

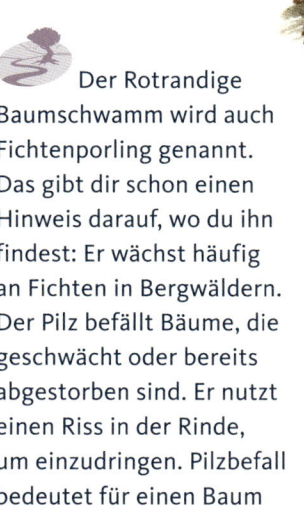

Der Rotrandige Baumschwamm wird auch Fichtenporling genannt. Das gibt dir schon einen Hinweis darauf, wo du ihn findest: Er wächst häufig an Fichten in Bergwäldern. Der Pilz befällt Bäume, die geschwächt oder bereits abgestorben sind. Er nutzt einen Riss in der Rinde, um einzudringen. Pilzbefall bedeutet für einen Baum den Anfang vom Ende: Der Pilz zersetzt langsam das Holz, der Baum wird morsch und stürzt schließlich um.

Wichtig zu wissen!

Auch der Zunderschwamm ist ein häufig vorkommender Baumpilz. Er wächst an Laubbäumen, vor allem an Buchen und Birken. Früher verwendete man getrocknete Teile des Fruchtkörpers zum Feuermachen. Mit einem Feuerstein wurden Funken erzeugt, die zuerst den Zunder zum Glimmen brachten. Mit der winzigen Glut wurde dann feines trockenes Gras und schließlich das Feuer entzündet.

Der Rotrandige Baumschwamm wird bis zu 9 cm dick und 20 bis 30 cm breit.

Den Rotrandigen Baumschwamm findest du das ganze Jahr über.

| | Feb | Mär | Apr | Mai | Jun | Jul | Aug | Sep | Okt | Nov | Dez |

Das Alpenlieschgras

Alpenlieschgras wächst in kleinen Gruppen und bildet dunkelgrüne bis violette Ähren aus, die nur ein bis vier Zentimeter lang werden. Daran kannst du es gut vom Wiesenlieschgras unterscheiden, dessen Ähren hellgrün und außerdem deutlich länger sind. Lieschgräser gehören zu den Süßgräsern, einer großen Pflanzenfamilie. Auch Getreidearten wie Weizen, Hafer oder Reis sind Süßgräser.

**Bunt-
schwingel**

 Alpenlieschgras wächst häufig auf beweideten Almwiesen. Das Gras kommt in Höhen von 1400 bis 2500 Metern vor.

Wichtig zu wissen!

Der Buntschwingel ist ebenfalls ein typisches Gras der Berge. An warmen Südhängen bildet es große Horste. Es wird bis zu 35 Zentimeter hoch. Die in Rispen angeordneten Blüten erscheinen von Juli bis August. Wo Buntschwingel wächst, findest du oft auch andere Alpenpflanzen wie den Felsen-Ehrenpreis oder das Großblütige Fingerkraut.

Das Alpenlieschgras wird 20 bis 40 cm hoch.

Das Alpenlieschgras blüht von Juni bis Juli.

| Jan | Feb | Mär | Apr | Mai | Jun | Jul | Aug | Sep | Okt | Nov | D |

Der Steinbrech

Es sieht wirklich so aus, als bräche diese Pflanze mitten aus den Steinen hervor: Der Gegenblättrige Steinbrech zum Beispiel krallt sich noch in schmalsten Felsspalten fest und bildet dort kleine Polster mit intensiv violetten Blüten. Er ist eine der wenigen violett blühenden Steinbrecharten; die meisten seiner Verwandten zeigen sich weiß, gelb oder hellrosa.

Schau genau!

Fast überall in den Bergen findest du auch die Berg-hauswurz, die mit ihren immergrünen rosetten-artigen Blattpolstern sogar in mehr als 3000 Metern Höhe wächst. Die einzel-nen Rosetten können bis zu acht Zentimeter Durch-messer haben. Von Juli bis September zeigen sich violette Blüten.

Hier teilen sich Mauer-pfeffer und Hauswurz einen kleinen mit Erde gefüllten Felsspalt.

 Stein-brech findest du in den Bergen in Höhenlagen von 1500 bis mehr als 4000 Metern. Er ist besonders geschützt.

Der Steinbrech wird 1 bis 5 cm hoch.

Der Steinbrech blüht je nach Höhenlage von Mai bis August.

| Feb | Mär | Apr | Mai | Jun | Jul | Aug | Sep | Okt | Nov | Dez |

Die Mehlprimel

Die Mehlprimel wird auch Mehlige Schlüsselblume genannt. Schau dir die Blattunterseiten an, dann weißt du, woher die Blume ihren Namen hat: Der weißliche Belag erinnert an eine hauchdünne Mehlschicht. Primeln sind übrigens auf der ganzen Welt weit verbreitet. Gelbe Primeln wachsen vor allem im Flachland, Bergprimeln blühen fast immer in Rosatönen.

Wichtig zu wissen!

Auch das Gewöhnliche Alpenglöckchen gehört zu den Primelgewächsen. Auf dem 5 bis 15 Zentimeter hohen Blütenstängel sitzen zartviolette glockige Blüten, die am Rand zerfranst sind. Das Alpenglöckchen blüht je nach Standort von April bis Juni.

 Die Mehlprimel mag es, wenn der Boden kalkhaltig und etwas feucht ist. Sie wächst in der Nähe von Wasserläufen und in moorigen Senken und kommt bis in 2500 Metern Höhe vor.

Die Mehlprimel wird etwa 20 cm hoch, die Blattrosette wächst am Boden.

Die Mehlprimel blüht von Mai bis Juni.

| Jan | Feb | Mär | Apr | Mai | Jun | Jul | Aug | Sep | Okt | Nov | D |

Das Alpenedelweiß

Das Edelweiß ist wohl die bekannteste Blume der Alpen. Und die erste, die unter Schutz gestellt wurde: In Österreich war es bereits ab 1886 streng verboten, sie zu pflücken. Die auffälligen weißen Blätter, die sehr filzig wirken, sind nicht die eigentliche Blüte, sondern Hochblätter, die den Blütenstand umgeben. Ihr Schimmer wird von unzähligen Luftbläschen verursacht, die das Licht reflektieren. Das soll Insekten anlocken. Außerdem schützen die Luftbläschen vor dem Verlust von Feuchtigkeit und Wärme.

Schau genau!

Auch Silberdisteln wachsen noch in Höhen von bis zu 2800 Metern. Sie mögen trockene und eher magere Almwiesen. Übrigens werden sie auch Wetterdisteln genannt: Bei Regen schließen sich die silbrigen Hüllblätter, bei trockenem Wetter sind sie geöffnet. Die Silberdistel steht unter Naturschutz.

Das Edelweiß wächst in steinigen Rasen und Wiesen in 1800 bis 3000 Metern Höhe; wenn die Umgebung aus Kalkstein besteht, umso besser! Dort siedelt sich das Alpenedelweiß bevorzugt an. Es ist streng geschützt.

Das Alpenedelweiß wird 5 bis 20 cm hoch.

Das Alpenedelweiß blüht je nach Höhenlage von Juli bis September.

Feb	Mär	Apr	Mai	Jun	Jul	Aug	Sep	Okt	Nov	Dez

Die Alpenaster

Stängel und Laubblätter der Alpenaster sind von einem feinen Flaum bedeckt, der die Pflanze vor Kälte schützt. Auf jedem Stängel sitzt eine einzelne blauviolette Blüte mit einer goldgelben Mitte. Wie nahezu alle Alpenblumen steht die Alpenaster unter Naturschutz – pflücken verboten!

Schau genau!

Edelweiß, Silberdistel, Alpenaster und Arnika gehören zu den Korbblütlern. Korbblütler, weil bunte auffällige Blätter eine Art Korb bilden, in dem die eigentlichen Blüten wachsen.
Die Sonnenblume ist zum Beispiel auch ein Korbblütler.

Blüten

Wichtig zu wissen!

Die Arnika ist eine alte Heilpflanze, die vor allem bei Rheuma und Gelenkschmerzen helfen soll. In den Bergen wächst sie auf sauren Wiesen. Sie wird 20 bis 60 Zentimeter hoch, die gelben Blütenstände zeigen sich von Mai bis August. Auch sie steht unter Naturschutz.

Wo Edelweiß wächst, fühlt sich auch die Alpenaster wohl: Mit etwas Glück kannst du im steinigen alpinen Rasen beide Alpenblumen entdecken!

Die Alpenaster wird 5 bis 20 cm hoch.

Die Alpenaster blüht je nach Höhenlage von Juli bis September.

| Jan | Feb | Mär | Apr | Mai | Jun | Jul | Aug | Sep | Okt | Nov | |

Der Blaue Enzian

Tiefblau leuchten die Blütenkelche des Enzians zwischen Felsen hervor. Der kurze Stängel ist an seinem Fuß von kleinen Laubblättern umgeben; da sie so dicht am Boden wachsen, nennt man sie grundständig.

····Kelch

Weil der Enzian seine schöne Farbe selbst in getrocknetem und gepresstem Zustand behält, wurde er früher hemmungslos gepflückt. Heute ist er streng geschützt.

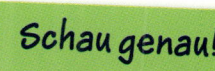 Der Blaue Enzian kommt in Höhenlagen von 1300 bis 3000 Metern vor. Er ist kalkmeidend, siedelt sich also am liebsten dort an, wo Kalkstein nicht das vorherrschende Gestein ist.

Schau genau!

Auf sonnigen Bergwiesen zeigt sich etwa von März bis Juni der Frühlingsenzian. Auch dieser Enzian ist tiefblau gefärbt und wird nur wenige Zentimeter hoch. Übrigens blüht der Frühlingsenzian gelegentlich auch im Herbst noch einmal! Und Finger weg – auch er steht unter Naturschutz.

Der Blaue Enzian wird 5 bis 9 cm hoch, bis zu 6 cm davon misst der Kelch.

Der Blaue Enzian blüht je nach Höhenlage von Mai bis Juli.

| n | Feb | Mär | Apr | Mai | Jun | Jul | Aug | Sep | Okt | Nov | Dez |

Der Gelbe Enzian

An der bis zu einen Meter hohen Pflanze erscheinen
im Sommer zahlreiche hellgelbe Blüten. Die grau-
grünen Laubblätter sind so angeordnet und geformt,
dass sich das Regenwasser darin sammeln kann.
Gelber Enzian wächst sehr langsam: Zehn Jahre kann
es dauern, bis die Blume das erste Mal blüht.
Dafür wird sie aber 40 Jahre und älter.

 Gelber Enzian
ist auf Bergwiesen in
750 bis 2000 Metern
Höhe zu finden und
streng geschützt.

Wichtig zu wissen!

Unter der Erde erstreckt sich das Rhizom,
der Wurzelstock, der mit den Jahren so
dick wie ein Arm und meterlang werden
kann. Dieser Wurzel verdankt der Gelbe
Enzian seinen Ruf als Heilpflanze, denn
aus ihr lassen sich Tees und andere
Naturheilmittel zubereiten. Auch
Enzianschnaps wird aus dem Rhizom
gebrannt. Weltweit werden jedes Jahr
schätzungsweise 6000 Tonnen
Wurzeln verarbeitet. Dafür wird
Gelber Enzian extra angebaut.

Der Gelbe Enzian wird 50 cm bis 1 m hoch.

Der Gelbe Enzian blüht je nach Höhenlage von Juni bis August.

Jan	Feb	Mär	Apr	Mai	Jun	Jul	Aug	Sep	Okt	Nov	D

Die Bewimperte Alpenrose

Kaum zu glauben: Die Alpenrose ist mit den großen Rhododendren verwandt, die in unseren Parks und Gärten wachsen! Als alpiner Zwergstrauch bleibt sie aber viel kleiner. Die tiefrosanen Blüten sitzen zu mehreren in einer Art Traube. Im Herbst bilden sich rote Fruchtkapseln, in denen unzählige kleine hellbraune Samen heranreifen. Von der Bewimperten Alpenrose gibt es auch eine weiße Art. Einer alten Sage nach weist ihr Standort auf einen verborgenen Schatz oder eine Goldader hin.

Schau genau!

Hat die Bewimperte Alpenrose tatsächlich Wimpern? Schau dir die Blätter genauer an: An den Rändern wachsen viele kleine Haare, so fein, dass sie wie Wimpern wirken. Ihnen verdankt diese Alpenrose ihren Namen. Es gibt auch eine Alpenrose ohne bewimperte Blätter, die Rostrote Alpenrose. Ihre Blüten sind rot, die Blattunterseiten rostrot.

Rostrote Alpenrose

Vorsicht!

Für Menschen und Tiere sind Alpenrosen sehr giftig!

Ob rosa oder weiß: Beide Alpenrosen finden sich in Höhenlagen von 500 bis 2800 Metern.

Die Bewimperte Alpenrose wird 20 cm bis 1 m hoch.

Die Bewimperte Alpenrose blüht je nach Höhenlage von Mai bis August.

| Feb | Mär | Apr | Mai | Jun | Jul | Aug | Sep | Okt | Nov | Dez |

Das Alpen-Sonnenröschen

Das Alpen-Sonnenröschen wirkt wie eine
kriechende Pflanze, tatsächlich ist es
aber ein Zwergstrauch. An
den weißfilzigen Zweigen
sitzen gelbe Blüten mit
jeweils fünf Blütenblättern.

Erstaunlich!

Ein kleiner Schmetterling hat
sich ausschließlich auf das Alpen-
Sonnenröschen spezialisiert und
legt dort seine Eier ab. Die Raupe
des Sonnenröschen-Würfel-
Dickkopffalters frisst nichts
anderes als die gelben Blüten.

Das Alpen-Sonnenröschen
wächst auf felsigen Bergwiesen und
in Felsspalten, es kommt sogar noch
in 2400 Metern Höhe vor.

Wichtig zu wissen!

Das Alpen-Sonnenröschen verdankt
seinen Namen der Eigenschaft, seine
Blüten immer nach dem Stand der Sonne
auszurichten. Bei Dunkelheit und auch
bei Regen schließen sich die Blüten-
blätter. Mit dem ersten Sonnenstrahl
öffnen sie sich erneut, um Insekten
anzulocken. Vor allem Bienen können
das leuchtende Gelb gut erkennen und
fliegen die Blüten gerne an.

Das Alpen-Sonnenröschen wird 3 bis 15 cm hoch.

Das Alpen-Sonnenröschen blüht je nach Höhenlage von Mai bis August.

| Jan | Feb | Mär | Apr | Mai | Jun | Jul | Aug | Sep | Okt | Nov |

Die Alpen-Glockenblume

Erinnern die hellblauen Blüten in ihrer Form nicht tatsächlich an eine Glocke? Ihnen verdankt die Alpen-Glockenblume inren Namen. Gleich mehrere Blüten sitzen immer traubenartig zusammen; bis zu 20 Stück können es sein. Die Alpen-Glockenblume blüht dicht über dem Boden. Ihre Stängel und Blätter sind zottig behaart. Übrigens blühen nicht alle Glockenblumen hellblau, auch andere Blautöne von Lila bis Dunkelblau sind möglich. Sogar ganz weiße Exemplare gibt es.

Schau genau!

Die zierlichen Blumen sind wahre Überlebenskünstler: Sie überstehen sogar Temperaturen von minus 35 Grad Celsius! An die rauen Bedingungen in den Bergen hat sich auch die Bärtige Glockenblume angepasst, die ebenfalls sehr häufig zu finden ist. An ihren Blütenkelchen sitzen viele feine Härchen, an den Blütenrändern sogar besonders lange – es wirkt fast wie ein Bart. Zahlreiche Gebirgspflanzen schützen sich auf diese Weise vor der Kälte.

Bärtige Glockenblume

Alpen-Glockenblumen wachsen auf mageren Bergwiesen bis in 2400 Metern Höhe. Sie mögen es sonnig bis halbschattig.

Die Alpen-Glockenblume wird 5 bis 20 cm hoch.

Die Alpen-Glockenblume blüht je nach Höhenlage von Juni bis August.

| n | Feb | Mär | Apr | Mai | Jun | Jul | Aug | Sep | Okt | Nov | Dez |

Der Bergahorn

Im Herbst kannst du den Bergahorn am leichtesten bestimmen: Kein anderer Laubbaum verfärbt sich so spektakulär! Alle Schattierungen von Rot, Orange, Gelb und Grün zeigen sich gleichzeitig. Die Blätter sind fünfteilig und handförmig gelappt. Im Frühjahr hängen die gelbgrünen Blüten in kleinen Trauben herunter. Die Früchte, kleine Nüsschen, sitzen an Flügeln. Sie drehen sich wie die Rotorblätter eines Hubschraubers, wenn sie im Herbst vom Baum fallen.

Mach mit!

Das bunte Laub verschiedener Ahornarten eignet sich prima für Basteleien aller Art. Du kannst Collagen daraus machen oder die Blätter pressen und an langen Fäden aufreihen. Nebeneinander ins Fenster gehängt, ergeben sie einen hübschen Vorhang.

Der Bergahorn stammt aus Berg- und Schluchtwäldern, er mag es feucht und kühl. Er wird aber auch häufig in Parks angepflanzt.

Der Bergahorn wird bis zu 30 m hoch.

Der Bergahorn blüht im April und Mai.

| Jan | Feb | Mär | Apr | Mai | Jun | Jul | Aug | Sep | Okt | Nov | D |

Die Bergulme

Die Bergulme ist ein stattlicher Baum
mit einer großen Krone. Ihre Blätter sind
eiförmig, die Blattränder haben lauter
kleine Zacken, die aussehen wie die
Zähne an einer Säge. Man nennt diese
Blattform deshalb auch gesägt. Seit
einigen Jahren fallen viele Ulmen einem
Pilz zum Opfer, der vom Ulmensplintkäfer,
einem Borkenkäfer, übertragen wird.
Gesunde Bergulmen können bis zu
400 Jahre alt werden.

Wichtig zu wissen!

Die Bergulme blüht nur alle zwei
Jahre, dann aber sehr früh.
Schon im März oder April,
noch vor dem Laubaustrieb,
bilden sich büschelweise
die braunvioletten Blüten
aus. Die Früchte, die sich
daraus entwickeln, sind kleine
Nüsschen. Sie sind ringsum
von einer Flügelhaut
umgeben. So kann
der Wind sie gut
davontragen.

Drei Spitzen

**Ungleicher
Blattgrund**

Die Bergulme wächst an
Steilhängen und in Schluchtenwäldern.
Mit ihren kräftigen und tief reichenden
Wurzeln kann sie sich gut im Boden
verankern.

Die Bergulme wird 25 bis 40 m hoch.

Die Bergulme blüht von Februar bis April.

Die Eberesche

Die Eberesche hat zwar ähnliche Blätter wie die Gewöhnliche Esche, ist aber nicht mit ihr verwandt. Ebereschenblätter sind gefiedert und unpaarig: Die länglichen Blättchen sitzen wie an einer Feder und in ungerader Zahl beiderseits des Zweigs; ein Blatt sitzt an der Zweigspitze. Aus den weißen Blütendolden, die sich im Frühsommer bilden, entwickeln sich orangerote Beeren. Viele Vögel fliegen förmlich darauf, weshalb die Eberesche auch Vogelbeerbaum genannt wird.

Die Eberesche ist in den Bergen bis in 2000 Metern Höhe anzutreffen, oft auch zwischen Fichten im Bergwald. Du erkennst sie gut an ihren roten Beeren.

Mach mit!

Für uns Menschen sind die rohen Früchte ungenießbar, aber du kannst eine leckere Marmelade daraus zubereiten.

Du brauchst:
- 1 kg Beeren
- 500 ml Apfelsaft
- Zucker

So geht's: Zupfe die gewaschenen Beeren ab und lege sie eine Nacht lang in den Gefrierschrank. So verlieren sie weitgehend ihre Bitterstoffe. Am nächsten Tag kochst du sie 20 Minuten lang in dem Apfelsaft bis sie weich sind. Drücke das Mus durch ein Sieb und koche es mit der gleichen Menge Zucker erneut kurz auf. Fülle den Aufstrich in saubere Schraubgläser, die du auf dem Deckel stehend abkühlen lässt.

Die Eberesche kann 20 m hoch werden.

Die Eberesche blüht im Juni und Juli.

Die Gewöhnliche Fichte

Die Gewöhnliche Fichte ist unser häufigster Nadelbaum. Sie kommt mit trockenem und nährstoffarmem Boden zurecht und ist gut an Kälte angepasst. Über ihre Nadeln verliert sie im Winter kaum Feuchtigkeit. Allerdings werden Fichten häufig von Borkenkäfern heimgesucht. Die Käfer leben unter der Rinde und fressen Gänge in den Bast. Das ist die Schicht, in der die Nährstoffe transportiert werden. Ist diese zerstört, stirbt der Baum ab.

Schau genau!

Fichte oder Weißtanne? Nadeln und Zapfen verraten es dir: Fichtennadeln sind spitz und vierkantig, Tannennadeln flach mit zwei hellen Streifen an der Unterseite. Fichtenzapfen hängen an den Zweigen und fallen im Ganzen zu Boden. Tannenzapfen sitzen aufrecht auf den Zweigen und verlieren einzelne Schuppen.

Fichten findest du häufig im Bergnadelwald und auch in Höhenlagen.

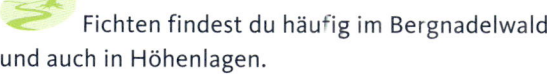

Die Gewöhnliche Fichte erreicht eine Höhe von bis zu 55 m.

Die Gewöhnliche Fichte blüht im Mai und Juni.

| Feb | Mär | Apr | Mai | Jun | Jul | Aug | Sep | Okt | Nov | Dez |

Die Weißtanne

Die Weißtanne ist von einem dunklen Grün. Ihre Wurzeln reichen tiefer in den Boden als die der meisten anderen Nadelbäume, die deshalb leichter vom Sturmwind umgeworfen werden können. Dafür fallen kleine Tannen öfter dem Wildverbiss zum Opfer: Ihre Rinde ist sehr beliebt bei Rehen und Hirschen. Vor allem im Winter fressen die Tiere sie ab. Was dem Wild durch die harte Jahreszeit hilft, bedeutet für die Tanne aber das Ende; ohne Rinde stirbt sie ab.

Schau genau!

Typisch Tanne: Siehst du die kleine Einkerbung an der Nadelspitze? Die Oberseite ist glänzend dunkelgrün. Nun dreh die Nadel um: Deutlich erkennbar sind zwei bläulich weiße Längsstreifen. Wie fühlt es sich an, wenn du mit dem Finger darüberreibst? Die Streifen haben eine Wachsschicht, die verhindert, dass aus den Nadeln zu viel Feuchtigkeit verdunstet. Das ist im Winter wichtig, denn dann ist das Wasser im Boden meist gefroren und kann nicht aufgesaugt werden. Lies nach, wie es bei der Lärche ist.

Unterseite

Oberseite

Die Nadeln sind nichts anderes als besonders geformte Laubblätter.

Die Weißtanne wächst in Bergwäldern und auf Almen. Sie kommt noch in Höhen von 2000 Metern vor.

Die Weißtanne wird bis zu 50 m hoch.

Die Weißtanne blüht im Mai.

| Jan | Feb | Mär | Apr | Mai | Jun | Jul | Aug | Sep | Okt | Nov | D |

Die Europäische Lärche

Wenn du im Herbst einen goldgelben Nadelbaum entdeckst, ist das keine Sinnestäuschung: Die Lärche wirft ihre Nadelblätter im Winter ab, und vorher verlieren sie wie Laubblätter ihre grüne Farbe. Lärchennadeln sind biegsam und weich, sie wachsen in kleinen Büscheln. Auch die Lärche bildet Zapfen aus. Sie sind aber viel kleiner als die von Fichte und Tanne und haben eine rundliche Form.

Wichtig zu wissen!

Bäume verdunsten über Öffnungen in ihren Blättern Feuchtigkeit und geben außerdem Sauerstoff an die Umgebung ab. Damit sie nicht zu viel Wasser verlieren, sind diese Öffnungen bei Nadelbäumen von einer Wachsschicht überzogen. So können sie ihre Nadeln das ganze Jahr über behalten. Bei der Lärche fehlt die schützende Wachsschicht. Im Winter würde sie Feuchtigkeit verlieren, die sie durch den gefrorenen Boden nicht wieder aufnehmen könnte. Um nicht zu vertrocknen, werfen deshalb Laubbäume und auch die Lärche ihre Blätter ab.

Die Lärche stammt ursprünglich aus den Alpen, wo sie noch in Höhen von 2400 Metern wächst. Längst wird sie aber auch im Flachland angepflanzt.

Lärche im Herbst

Die Europäische Lärche wird 25 bis 40 m hoch.

Die Europäische Lärche blüht im April und Mai.

Jan | Feb | Mär | Apr | Mai | Jun | Jul | Aug | Sep | Okt | Nov | Dez

Die Zirbe

Die Zirbe oder Zirbelkiefer gehört zu den Kiefern, das kannst du leicht an den bis zu zehn Zentimeter langen Nadeln erkennen. Sie wachsen immer zu fünft in Büscheln. Wenn du solch eine Nadel durchteilst, siehst du, dass der Querschnitt dreieckig ist. Zirben sind extrem zäh und an das raue Klima in den Bergen angepasst. Sie können bis zu 1000 Jahre alt werden.

Wichtig zu wissen!

Zirben sind in manchen Regionen der Alpen geschützt. In Schutzgebieten und Nationalparks darfst du keine Zapfen sammeln.

Die „Königin der Alpen", wie die Zirbe auch genannt wird, wächst im Gebirge ab 1500 Metern Höhe. Mit ihren Wurzeln verankert sie sich in Felsspalten und trotzt den Winterstürmen.

Schau genau!

Wenn man einen frischen Zapfen aufschneidet, zeigt sich innen eine rötliche Farbe, „Zirbenblut" genannt. Aus frischen Zapfen wird ein spezieller Likör oder Schnaps hergestellt. Reifen die Zapfen am Baum aus, können sich die Nüsschen darin ausbilden. Die ölhaltigen Zirbelnüsse schmecken ein wenig wie Pinienkerne und sind eine leckere Knabberei: Lege reife Zapfen in eine beschichtete Pfanne bis sie sich öffnen. Nun kannst du die Nüsschen herauslösen und von ihrer dünnen Schale befreien.

Die Zirbe wird bis zu 25 m hoch.

Die Zirbe blüht von Mai bis Juli.

Jan | Feb | Mär | Apr | Mai | Jun | Jul | Aug | Sep | Okt | Nov | Dez

Die Latschenkiefer

Die Latschenkiefer oder auch Bergkiefer hat dunkelgrüne spitze Nadeln, die jeweils paarweise zusammensitzen. Sie enthalten ein intensiv duftendes Öl – zerreibe mal ein paar Nadeln zwischen den Fingern. Latschenkiefernöl ist ein altes Hausmittel; es soll vor allem bei Erkältungskrankheiten helfen und wird zum Inhalieren und Einreiben verwendet.

Wichtig zu wissen!

Die Latschenkiefer ist ein typisches Krummholz, zu erkennen am niedrigen und krummen Wuchs. Der Stamm und die biegsamen Äste liegen am Boden und bilden ein undurchdringliches Dickicht. Man spricht deshalb auch vom Latschenfilz. Diese Wuchsform ist vor allem im Hochgebirge von Vorteil, wo im Winter viel Schnee fällt. Schneelast und stürmische Winde können der Latschenkiefer nicht viel anhaben.

Latschenkiefern wachsen häufig am gleichen Standort wie Alpenrosen bis in 2800 Metern Höhe. Sie halten sich sogar an Steilhängen, an denen häufig Lawinen abgehen.

Die Latschenkiefer wird 1 bis 3 m hoch.

Die Latschenkiefer blüht im Juni und Juli.

| n | Feb | Mär | Apr | Mai | Jun | Jul | Aug | Sep | Okt | Nov | Dez |

Der Zwergwacholder

Der Zwerg- oder auch Alpenwacholder ist zwar eine Unterart des Gewöhnlichen Wacholders, aber er sieht ganz anders aus als die säulenförmigen Sträucher, die du vielleicht aus der Heide kennst. Er bleibt sehr niedrig und wächst kriechend. Es gibt männliche und weibliche Pflanzen. Nur die weiblichen Büsche bilden Zapfen aus.

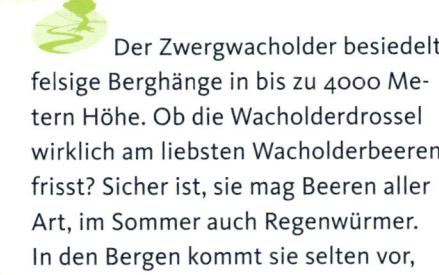

Wichtig zu wissen!

Die oft als Beeren bezeichneten Früchte des Wacholders sind in Wirklichkeit die weiblichen Zapfen, die wie kleine Kugeln aussehen. Zunächst sind sie grün, reifen dann aber im Laufe von etwa zwei Jahren aus. Dann sind sie dunkelblau. Sie werden in der Küche zum Würzen verwendet.

Der Zwergwacholder besiedelt felsige Berghänge in bis zu 4000 Metern Höhe. Ob die Wacholderdrossel wirklich am liebsten Wacholderbeeren frisst? Sicher ist, sie mag Beeren aller Art, im Sommer auch Regenwürmer. In den Bergen kommt sie selten vor, sie hält sich lieber in den Tälern auf.

Wacholderdrossel

Der Zwergwacholder wird 30 bis 70 cm hoch.

Der Zwergwacholder blüht von Mai bis Juli.

| Jan | Feb | Mär | Apr | Mai | Jun | Jul | Aug | Sep | Okt | Nov | D |

Der Alpenseidelbast

Der Alpenseidelbast ist ein kleiner, sehr verzweigter Strauch, der selten höher als 50 Zentimeter wird. Seine vierblättrigen weißen Blüten stehen meist zu mehreren in kleinen Büscheln zusammen. Sie duften so intensiv nach Vanille, dass du ihren Geruch oft schon erschnuppern kannst, wenn du noch meterweit entfernt bist.

 Der Alpenseidelbast wächst bis in 2000 Metern Höhe. Er ist vor allem in den südlichen Alpen auf kalkhaltigem Boden zu finden.

Vorsicht!

Seidelbast ist extrem giftig! Etwa im August reifen die Früchte des Alpenseidelbasts heran. Sie leuchten orangerot und sitzen direkt am Stängel. Diese Beeren darfst du auf keinen Fall essen. Am besten solltest du den Strauch auch nicht anfassen. Falls es doch passiert ist: Hände waschen!

Der Alpenseidelbast wird 20 bis 50 cm hoch.

Der Alpenseidelbast blüht im Mai und Juni.

| n | Feb | Mär | Apr | Mai | Jun | Jul | Aug | Sep | Okt | Nov | Dez |

Vom Tal ins Hochgebirge

In den Bergen finden Pflanzen, Tiere und Menschen sehr unterschiedliche **Lebensbedingungen**. Je höher du kommst, desto kälter wird es. Der Schnee bleibt länger liegen und die Vegetationsperiode, also die Zeit, in der Pflanzen wachsen können, verkürzt sich. Hier überlebt nur, wer an die Umweltbedingungen gut angepasst ist. Kein Wunder, dass Menschen ihre Dörfer lieber in den Tälern gebaut haben!

Und die Almen? Die gibt es in verschiedenen Höhenlagen. Bis in 1500 Metern Höhe heißen sie Mittelalmen. Hochalmen liegen sogar höher als 2000 Meter.

Baumgrenze und Krummholzzone

Mach mit!

Betrachte die Vegetationsstufen eines Gebirges. Erkennst du die Übergänge?
- **Bis 700 Meter Höhe:** Hier wächst vorwiegend Laubwald.
- **Bis 1000 Meter:** Der Bergwald, ein Mischwald aus Laub- und Nadelbäumen, beginnt.
- **Bis 1500 Meter:** Nun gibt es fast nur noch Nadelwald, Laubbäumen wird es zu kalt.
- **Bis 2000 Meter:** Hier beginnt die Baumgrenze mit der Krummholzzone.
- **Bis 2500 Meter:** In der Geröll- und Schuttzone wachsen Flechten, Moose und alpiner Rasen.
- **2500 Meter und höher:** Die Eis- und Schneeregion ist die letzte Höhenstufe.

Erstaunlich!

Der älteste bisher entdeckte Baum der Alpen ist eine Eibe, die im Allgäu bei Balderschwang wächst: Ihr Alter wird auf 2000 Jahre geschätzt, vielleicht ist sie sogar noch älter. Die Eibe steht in 1150 Metern Höhe. Es ist gut möglich, dass es in unzugänglichen Bergregionen noch andere Baum-Methusalems gibt.

Bergwald

Wie schnell oder langsam Bäume wachsen, wie hoch sie werden und welches Alter sie erreichen, hängt neben der Art vor allem vom Standort ab. Grundsätzlich gilt: Je kälter es ist, desto langsamer das Wachstum. Bergwälder haben eine vierfache **Schutzfunktion**: Sie schützen vor Lawinen und vor Steinschlag. Sie verhindern, dass Wind und Regen die dünne Bodenschicht abtragen. Und weil die vielen Baumwurzeln im Bergwald Wasser speichern, schützen sie die Täler vor Hochwasser.

Mach mit!

Möchtest du mal richtig hoch hinaus? In Saalbach Hinterglemm in Österreich befindet sich der höchstgelegene Wipfelwanderweg Europas, der Baumzipfelweg, zusammen mit der „Golden Gate Bridge" der Alpen: Auf dem einen Kilometer langen Weg und der 200 Meter langen Hängebrücke erlebst du den Bergwald einmal in Wipfelhöhe. Mehr Infos unter: www.baumzipfelweg.at

Bei Föhn hat man den Eindruck, München liegt direkt am Alpenrand.

Berge als Klimamacher

Berge beeinflussen unser Wetter. An den Gebirgsrändern staut sich zum Beispiel feuchte **Luft**. Mit zunehmender Höhe kühlen die Luftmassen ab, **Wolken** entstehen. Häufig regnet es auch. Die nun trockeneren Luftmassen strömen über die Berge hinweg und kommen auf der anderen Seite als warmer Föhnwind an. Bei **Föhn** herrscht übrigens wegen der geringen Luftfeuchtigkeit besonders gute Fernsicht.

Warm und kalt
Auch am Berg selbst gibt es unterschiedliche Klimaverhältnisse. Hänge auf der **Sonnenseite** sind wärmer und trockener als die im **Schatten**. Schluchten sind kühl, schattig und meist feucht. Windgeschützte Stellen erwärmen sich stärker als baumlose Ebenen, über die der **Wind** bläst. Und in Höhenlagen um 2500 Meter liegt bis zu zehn Monate im Jahr **Schnee**.

Wer so dem Wetter ausgesetzt ist, sieht nicht mehr ganz frisch aus.

Wichtig zu wissen!

In den Bergen musst du dich gut vor UV-Strahlung schützen, auch wenn es bewölkt ist. Die Sonne brennt im Gebirge stärker als im Flachland.

Plötzlicher Wetterumschwung

In den Bergen kann die Wetterlage örtlich sehr unterschiedlich sein. Im Tal herrscht vielleicht noch **Sonnenschein**, während über einen Bergkamm hinweg eine **Kaltfront** aufzieht. Vom leicht bewölkten Himmel zum Unwetter dauert es manchmal keine halbe Stunde. Die **Temperatur** fällt dann rasch um etliche Grad, im Hochgebirge kann es sogar im Hochsommer schneien! Deshalb sollten zu deiner Ausrüstung unbedingt immer eine Regenjacke, ein warmer Pullover, eine Kopfbedeckung und sogar Handschuhe gehören.

Vom Rinnsal zum reißenden Bach

Nach heftigen **Regenfällen** können Gebirgsbäche stark anschwellen. Wo eben noch ein kleines Rinnsal über eine Felswand plätscherte, rauscht plötzlich ein Wasserfall. Auch Wege können sich in kleine Bäche verwandeln und der Boden wird weich und rutschig.

Vorsicht!

Bei Gewitter in den Bergen solltest du:
- Gipfel, Grate und Ebenen so schnell wie möglich verlassen.
- Darauf achten, nicht der höchste Punkt in deiner unmittelbaren Umgebung zu sein.
- Frei stehende Bäume unbedingt meiden.
- In die Hocke gehen und dich so klein wie möglich machen.
- Dich am Klettersteig von Drahtsicherungen und Metallleitern fernhalten.
- Abstand zu Bächen oder Wasser führenden Rinnen halten.

Wasser in den Bergen

Die Alpen sind ein gigantisches **Süßwasserreservoir**. Gletscher, Eis- und Schneeflächen und auch Bergseen speichern gewaltige Wassermengen. Das Schmelz- und Regenwasser wird durch Flüsse aus den Bergen ins Flachland transportiert. Viele große Flüsse haben in den Alpen ihren Ursprung, zum Beispiel der Rhein, die Isar und der Inn.

Wasserscheide

Wo die Einzugsgebiete von Flüssen aneinandergrenzen, spricht man von einer Wasserscheide. Ein **Hauptwasserscheidepunkt** liegt beim Malojapass im Schweizer Engadin: Von hier aus fließt das Wasser aus den Bergen in die Nordsee, ins Mittelmeer und ins Schwarze Meer. Ganz in der Nähe befindet sich übrigens der Ursprung des Inns.

Mach mit!

Im Bergbach gibt es oft interessante Steine, die häufig ganz glatt und rund sind. Versuch einmal, einen hohen Turm aufzuschichten. Der muss ja nicht unbedingt stehen bleiben: Wie viele Steinwürfe brauchst du, um ihn wieder zum Einsturz zu bringen?

Die Ragga-Schlucht in Österreich ist bis zu 200 Meter tief. Man kann sie über Stege, Brücken und Treppen durchwandern.

Wasserkraft

Welch gewaltige Kräfte Wasser besitzt, zeigt sich in den **Schluchten**, die es im Laufe von vielen Tausend Jahren ins Gestein gegraben hat. Eine solche Schlucht, **Klamm** genannt, kann sehr tief und eng sein. Nach starken Regenfällen oder zur Zeit der Schneeschmelze steigt der Wasserpegel in einer Klamm rasant an. Dann sind die Brücken und Stege, die vielerorts eingebaut wurden, um die Klamm zu erschließen, nicht mehr begehbar. Manche werden von den Fluten sogar weggerissen. Auf einer Wanderung durch eine Klamm entdeckst du die Alpen aus einer völlig neuen Perspektive: steile Felswände, rauschendes Wasser und kühle feuchte Luft.

Freier Fall

Ob im freien Fall senkrecht nach unten oder in Kaskaden von Fels zu Fels, ein **Wasserfall** ist immer ein besonderer Ort. Die großen und spektakulärsten der Erde kennst du von Fotos oder aus dem Fernsehen. Aber auch in den Bergen wirst du immer wieder eindrucksvolle Wasserfälle entdecken können.

Der Stuibenfall ist Tirols größter und mächtigster Wasserfall. Er hat eine Fallhöhe von 150 Metern.

Wichtig zu wissen!

Viele Bergseen sind durch das Zurückweichen der Gletscher entstanden, also mit dem Ende der letzten Eiszeit vor etwa 10 000 Jahren. Sie befinden sich oft so hoch im Gebirge, dass ihr Wasser sehr kalt ist. In tiefern Lagen gibt es in den Alpen aber auch viele Badeseen.

Mach mit!

Wanderwege führen oft durch Weidegebiet. Zäune und Gatter schützen die Tiere davor, sich in unwegsames Gelände zu verirren. Lass solche Gatter nie offen stehen, sondern schließe sie sorgfältig hinter dir!

Auf den Almen

Auf deinen Expeditionen bist du sicher schon an verschiedenen Almen vorbeigekommen. Auf den Weiden grasen Rinder, Schafe oder Ziegen, einige Almen bieten Milchprodukte zum Kauf an. **Almwirtschaft** spielt eine wichtige Rolle in den Bergen. Um die Weiden im Tal zu schonen und ausreichend Heu für den Winter machen zu können, treiben Bauern ihre Tiere seit vielen Hundert Jahren im Sommer auf die höher gelegenen **Bergwiesen**. Würde das Almvieh den Bewuchs nicht niedrig halten, hätte sich der **Bergwald** längst über viele Almwiesen ausgebreitet.

Mach mit!

Almen mit Milchvieh verarbeiten die Milch meist direkt vor Ort. Frische Butter kannst du auch selber machen, und leckere Buttermilch entsteht noch dazu: Rühre 500 g Sahne in einer Schüssel mit dem Rührgerät so lange, bis sich Butterflöckchen bilden. Sobald größere Klumpen entstanden sind, gießt du die Buttermilch durch ein Sieb ab. Die Butterstücke knetest du zu einem Stück zusammen. Damit es nicht schmilzt, legst du es immer wieder in kaltes Wasser. Tritt beim Kneten keine Flüssigkeit mehr aus, ist die Butter fertig.

Wichtig zu wissen!

Die meisten Almen sind nur während der Sommermonate bewirtschaftet. Im Herbst wird das Vieh zurück ins Tal getrieben. Der Almabtrieb ist ein großes Fest, vor allem wenn alle Tiere den Sommer in den Bergen unbeschadet überstanden haben. Die Kühe tragen einen bunten Kopfschmuck aus Blumen. Besonders prächtig wird die Leitkuh geschmückt.

Kartoffeln mit Schafskäse

Das Rezept ist für 4 Personen.

Du brauchst:
- 1 kg Kartoffeln
- 1 Packung Schafskäse (200 bis 300 g)

So geht's:
Die gekochten und abgepellten Kartoffeln schneidest du in Scheiben. Verteile sie in einer feuerfesten Form, streue den zerbröselten Schafskäse darüber und überbacke sie etwa 20 Minuten bei 200 °C.

Über die Grenze

Je nach Höhenlage sind Bergweiden nur für kurze Zeit im Jahr nutzbar. Deshalb zogen Hirten früher mit ihren Schaf- und Ziegenherden von Weide zu Weide, manchmal über hohe Gebirgspässe bis auf die andere Seite der Alpen. Heute ist die Wanderweidewirtschaft, **Transhumanz** genannt, selten geworden.

Leckereien aus den Bergen

Auf deinen Streifzügen kannst du viele Früchte und Kräuter sammeln, die du zum Kochen verwenden kannst. Oder wie wäre es mit einem selbst gemachten Aufstrich für eine Brotzeit? Wenn du es eher deftig magst, probier mal den Almtoast aus – der schmeckt übrigens auch zu Hause!

Brombeermuffins

Muffins schmecken mit Brombeeren fruchtig frisch.

Du brauchst:
- 200 g Brombeeren
- 300 g Mehl
- 1 Päckchen Backpulver
- 100 g Zucker
- 2 EL sehr weiche Butter
- 1 Ei
- 200 ml Milch

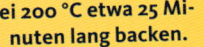

So geht's:
Wenn du Mehl, Backpulver und Zucker gemischt hast, gibst du Ei, Butter und Milch hinzu und verrührst alles gut. Zum Schluss hebst du die Brombeeren unter. Fülle den Teig in Muffinförmchen. Lass alles bei 200 °C etwa 25 Minuten lang backen.

Thymian entfaltet seinen aromatischen Duft, wenn du die Blättchen zwischen den Fingern zerreibst. Du findest die Pflanze auf Magerrasen, steinigen Bergwiesen und an Felsen.

Thymianbonbons

Thymian ist nicht nur ein leckeres Würzkraut, sondern tut auch bei Husten gut.

Du brauchst:
- 1 EL frische Blättchen
- 100 g Zucker

So geht's:
In einer Pfanne bringst du den Zucker zum Schmelzen. Immer schön umrühren! Dann vom Herd nehmen, die fein geschnittenen Thymianblättchen dazugeben und mit zwei Teelöffeln ganz kleine Häufchen auf ein Stück Backpapier setzen. Die Bonbons sind fertig, wenn die Masse fest geworden ist.

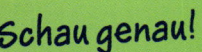

Schau genau!

Brombeeren wachsen in lichten Wäldern oder am Waldrand. Die Beeren kannst du im August und September ernten. Sie haben dann eine fast schwarze Farbe und lösen sich beim Pflücken ganz leicht vom Strauch.

Deftiger Alm-Toast

Das Rezept ist für 4 Personen.

Du brauchst:
- 8 Scheiben Toast oder Weißbrot
- 8 Scheiben Emmentaler oder Bergkäse
- 3 Eier
- 250 ml Milch
- Salz, Pfeffer

So geht's:
In eine gefettete Auflaufform schichtest du abwechselnd Toast- und Käsescheiben. Verquirle Eier und Milch, würze mit Salz und Pfeffer und gieße die Masse über die Käse-Toast-Scheiben. Lass das Ganze im Ofen bei 200 °C etwa 30 Minuten lang backen.

Brotzeit-Butter

Dieser Brotaufstrich gibt nicht nur Bergsteigern Kraft.

Du brauchst:
- 3 kleine Zwiebeln
- 1 kleinen Apfel
- 1 EL Butter zum Braten
- 250 g Butter
- 1 TL Salz
- 2 EL getrockneten Majoran

So geht's:
Schäle Zwiebeln und Apfel und schneide sie in sehr kleine Würfel. Brate sie in einem EL Butter kurz an, bis die Zwiebeln hellbraun sind. Die restliche Butter gibst du hinzu und lässt sie schmelzen, bis sie schaumig wird. Dann rührst du Salz und Majoran unter und lässt das Schmalz abkühlen. Lecker auf Vollkornbrot!

Verpflegung für unterwegs

Wenn du längere Expeditionen planst, solltest du immer etwas zu essen und ausreichend zu trinken dabeihaben. Gute Energielieferanten sind Müsliriegel, Äpfel und Vollkornbrote. Achtung: Je mehr du schwitzt, desto mehr Salze und Mineralien verliert dein Körper. Deshalb ist das richtige Getränk wichtig. Tee oder Saftschorle eignen sich gut.

Im Reich der Gletscher

Je höher du in den Bergen kommst, desto tiefer tauchst du ein in ein längst vergangenes Erdzeitalter: Die Gletscher sind Reste der großen **Eiszeiten**. In den letzten Jahren schmilzt das Eis durch die **Klimaveränderungen** allerdings immer schneller ab. Viele Gletscher sind mittlerweile stark geschrumpft oder ganz verschwunden.

Mach mit!

Was schmilzt schneller, Schnee oder Eis? Für dieses Experiment brauchst du zwei gleich große Gläser. Eines füllst du mit Wasser und stellst es über Nacht in den Gefrierschrank. Das andere stopfst du am nächsten Tag mit Schnee voll – genauso viel, wie sich Eis im ersten Glas gebildet hat. Dann lässt du beide Gläser bei Zimmertemperatur stehen. Was passiert?

Schnee schmilzt schneller als Eis. Er enthält mehr Luft, was du daran merkst, dass er formbar ist. Deshalb befindet sich am Ende im Schneeglas auch deutlich weniger Wasser als im Eisglas.

Schau genau!

Schon mal von einer Gletscherzunge gehört? Das ist der untere Teil eines Gletschers, also der Bereich, wo er allmählich ausläuft. Ein bisschen sieht es so aus, als würde er seine eisige Zunge herausstrecken.

Rund 5000 Gletscher gibt es in den Alpen. Der größte, der Aletsch-Gletscher in der Schweiz, erstreckt sich über 86 Quadratkilometer. Klein wirkt dagegen der größte Gletscher Deutschlands: Der Schneeferner auf der Zugspitze nimmt eine Fläche von einem halben Quadratkilometer ein.

Wichtig zu wissen!

Schnee ist keine gleichförmige Masse, sondern lagert sich in Schichten ab. Die Schichten sind unterschiedlich dick und fest, ähnlich wie die in einer Torte – fester Teig, mittelfeste Creme, weiche Sahne. Fällt in kurzer Zeit viel frischer, lockerer Schnee auf den alten, steigt die Gefahr, dass sich Lawinen bilden, denn die Schichten sind nicht fest miteinander verbunden, die oberen können auf den unteren ins Rutschen geraten.

Vorsicht!

Achte vor allem beim Skifahren auf den Lawinenlagebericht: Es gibt fünf Warnstufen. Schon ab Stufe 3 wird es riskant. Halte dich auf keinen Fall außerhalb der gekennzeichneten Pisten auf!

Lawinengefahr

Im Winter steigt die Lawinengefahr in den Bergen. Geraten an einem steilen Hang Schnee und Eis ins Rutschen, kann sich eine **Lawine** entwickeln, die mit mehr als 300 Kilometern in der Stunde zu Tal geht und dabei Häuser und Bäume mitreißt.

Erstaunlich!

Lawinensuchhunde können Verschüttete noch fünf Meter unter dem Schnee erschnüffeln. Dann bellen sie und beginnen zu scharren, damit die Rettungsteams wissen, wo sie graben müssen.

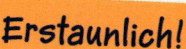

Faszinierende Phänomene

Verpasse in den Bergen nicht den Sonnenuntergang. Dann strahlt die tief stehende
Sonne die Bergspitzen an, sodass man meint,
sie würden glühen. **Alpenglühen** wird dieses
beeindruckende Phänomen auch genannt.
Und es ist immer wieder erstaunlich, wie
schnell zum Schluss das letzte Stückchen
Sonne hinter den Bergen verschwindet.

Gleitschirmflieger

Mach mit!

Du kannst dir ein kleines Alpenglühen für zu Hause basteln.

Du brauchst:
• 1 Butterbrottüte aus Papier
• Farbstifte
• 1 kleines Glas
• 1 Teelicht

So geht's:
Auf die Tüte zeichnest du mit
Bleistift ein Alpenpanorama.
Den Himmel darüber malst du
Dunkelblau an, die Berge in allen
Schattierungen von Dunkelrot
bis Hellorange. Stell ein Glas mit
einem Teelicht in die Tüte und
dein Bild beginnt zu leuchten.

Aufwinde

Es ist ein spektakulärer Anblick,
wenn Gleitschirm- oder Drachen-
flieger über den Felsen schweben!
Das geht dank der besonderen
Thermik. Die entsteht, wenn
die Sonne die bodennahen Luft-
schichten erwärmt. Warme Luft ist
leichter als kalte, sie steigt auf, vor
Felswänden manchmal besonders
schnell, und nimmt den Flieger mit.

Mach mit!

Bei diesem Thermik-Experiment darfst du zündeln! Stelle für alle Fälle einen Behälter mit Wasser bereit und hol dir unbedingt einen Erwachsenen dazu.

Du brauchst:
- 1 Backblech
- 1 Filterbeutel für losen Tee oder Teebeutel
- 1 Schere
- 1 Feuerzeug

So geht's:
Schneide vom Filter Unter- und Oberseite so ab, dass eine offene Papierröhre entsteht (gefüllte Beutel leeren). Stelle sie senkrecht auf das Backblech und zünde sie an. Was passiert?

Das Papier brennt rasch ab, doch die Asche- stückchen heben sich plötzlich in die Luft: Die ist heiß geworden, steigt nach oben und reißt die Asche mit.

Mach mit!

Der bekannteste Echo-Spruch:
- Wie heißt der Bürgermeister von Wesel? Esel.

Probiere:
- Was essen die Studenten?
- Was hat der Reiche in der Tasche?
- Was sagt die Katze zu der Maus?

Fallen dir noch andere Sprüche ein?

Hallo, Echo!

Es klingt fast etwas unheimlich, wenn die eigene Stimme von den Berg- wänden hallt. Wie entsteht ein Echo überhaupt? Geräusche oder Töne sind **Schallwellen**, die sich in der Luft ausbreiten. Und die sind sagenhaft schnell: 340 Meter legen sie in der Sekunde zurück. Treffen sie auf ein Hindernis wie eine Wand, werden sie zurückgeworfen, sodass wir den Ton nach kurzer Zeit noch einmal hören. Dabei kommt es auf die Entfernung an. Auch in einer Halle oder einer Unterführung prallen Schallwellen auf die Wände. Der Weg, den sie dabei zurücklegen, ist aber so kurz, dass nur ein Nachhall entsteht.

Für ein richtiges Echo musst du min- destens 20 Meter von einer Wand ent- fernt sein. Weltberühmt ist das klare Echo am bayerischen Königsee, der von steilen Felswänden umgeben ist.

Schnelle Suche mit Stichwörtern

Entdecke die Natur!

... gemeinsam mit dem Alpenverein.

www. alpenverein.at

Werde zum Schnitz-Profi

MIT OPINEL KINDER-SCHNITZ-MESSER!

Mit Schnitzdiplom und Schnitzmesser!

MEINE SCHNITZ WERKSTATT

Astrid Schulte

80 Seiten, € ⁄ D 19,99

Schwerter, Schmuck, Rennautos oder ein Katamaran: Werde zum Schnitzprofi! In 30 Schritt-für-Schritt Anleitungen mit vielen Fotos lernst du sicher und einfach schnitzen. Wie sitzt du richtig und worauf musst du besonders achten?
Schnitzregeln und Technik werden verständlich erklärt und das Schnitzabenteuer kann beginnen! Das passende Schnitzholz findest du in Wald und Garten. Woran du es erkennst? Schlag nach im extra Teil!

Der Bergbach-
Dammläufer Seite 44

Der Gemeine Dungkäfer
Seite 45

Die Rinderbremse
Seite 46

Der Alpenbläuling
Seite 50

Der Alpenapollo
Seite 51

Das Alpen-Widertonmoos
Seite 52

Der Echte Pfifferling
Seite 56

Der Rotrandige Baum-
schwamm Seite 57

Das Alpenlieschgras
Seite 58

Die Alpenaster
Seite 62

Der Blaue Enzian
Seite 63

Der Gelbe Enzian
Seite 64

Der Bergahorn
Seite 68

Die Bergulme
Seite 69

Die Eberesche
Seite 70

Die Zirbe
Seite 74

Die Latschenkiefer
Seite 75

Der Zwergwacholder
Seite 76